JN136064

山中恒と読む
修身教科書
戦時下の国体思想と現在

山中　恒

子どもの未来社

（本書の内容について）

＊『中等修身一』の前付部分「天壌無窮の神勅」「軍人勅諭」「教育ニ関スル勅語」「青少年学徒ニ賜ハリタル勅語」「米国及英国ニ対スル宣戦ノ詔書」は原文をスキャンしたものです。それぞれに山中恒による解説が付いています。

＊『中等修身一』の本文（目録以下）は、現代仮名遣いに改め、必要に応じて常用漢字に直しました。わかりにくい用語には欄外に注を付しました。漢数字の頁数は、原書に準じています。解説をはさむため頁数がダブっている箇所があります。項目毎に山中恒による解説が付いています。

＊尚、その他当時の文章の引用は読者の便宜を考え、平仮名・常用漢字に直し、必要に応じて句読点を付しました。

目次

はじめに――なぜ今『中等修身一』か　5

中等修身一　17

詔勅　19

天壌無窮の神勅　20／解説　21

軍人勅諭　22／解説　33

教育ニ関スル勅語　34／解説　36

青少年学徒ニ賜ハリタル勅語　37／解説　38

米国及英国ニ対スル宣戦ノ詔書　39／解説　43

目録　45

一　**皇国の使命**　47／解説　54

二　**学びの道**　55／解説　62

三　**負荷の大任**　63／解説　72

四　創造を勗む　73／解説　82
五　父母　83／解説　91
六　至誠　92／解説　98
七　勤労の精神　99／解説　109
八　新しい経済　110／解説　116
九　勇気　117／解説　125
十　団体生活　126／解説　134
十一　恩をおもう　135／解説　142
十二　平素の訓練　143／解説　152
おわりに　155

はじめに――なぜ今『中等修身一』か

私は一九三一（昭和六）年七月二〇日、北海道小樽市の駅前通り稲穂町で、看板業を営む山中勝次の長男として生まれました。その二ヶ月後、日本の関東軍が中国東北部で侵略戦争を開始しました。日本側呼称の満洲事変（中国側呼称＝九一八事変）です。

さらに一九三七（昭和一二）年七月、日本軍は中国大陸へ本格的侵略戦争を始めます。日中戦争（当時の日本側呼称＝北支事変＝支那事変、中国側呼称＝盧溝橋《ろこうきょう》事変）です。父の店には、その出征兵士の壮行パレードに使う大きな幟旗《のぼりばた》の注文が相次ぎ、父は弟子たちと連日深夜まで仕事をして店内には油煙を溶《と》く膠《にかわ》の匂いが充満していました。眠気覚ましにポータブル蓄音機に軍国歌謡のレコードが繰り返しのせられました。幟旗の中央には出征兵士の氏名が敬称をつけて大きく書かれました。その右側に出発日、左側に幟旗の贈り主の名前が小さく書かれました。また幟旗の数には制限がなかったので、出征兵士が大商店・卸問屋や名士・実力者の子弟だったりすると、パチンコ店の開店祝いに並ぶ花輪みたいに、多数の幟旗が贈られました。贈り主も親戚や下請け業者だったり友人だったり得意先だったり、中には「石狩検番○奴《やっこ》」といった粋筋《いきすじ》の名もあり、幟旗の数がステータスを示すようなものでした。幟旗を贈られた方では、店や家の前に柵を設け、それに贈られた幟旗を立てて、ここから兵士が出ていくことやこれだけ幟旗を贈られたということを誇示したものです。出征に限らず徴兵の入営の際にも、同じようにパレードが行われました。

パレードの先頭に楽隊、続いて幟旗を持ったものが続き、その後に肩から赤いたすきとか日の丸をたすきにかけ奉公袋を提げた出征兵士が続き、それから家族・親類縁者・知人友人・町内の者の行列が続くのです。このパレードで送られた若い兵士の内、どれほどの者が無事帰還したものか。私は当時のことを思い出す度に、そのことも考えるのです。しかしこの全市を挙げての、ど派手な壮行パレードも、防諜《ぼうちょう》のためとか、物資不足とかで、まもなく自粛させられました。

この年の年末、日本軍は中国の国民党政権の首都南京を攻略しました。これで対中国戦争が終わると思い、日本中が熱狂的に祝賀気分に沸き返りました。小樽市でも昼間は小中学生の旗行列が行われました。それを見ながら私は「母がもう一年早くボクを産んでいてくれたら、ボクもこの行列に参加できたのに」と恨めしく思ったものでした。夜は市民団体の提灯行列が行われ、その行列の先頭を父が設計デザインしたフロートが飾りました。それは青天白日章《せいてんはくじつしょう》（中華民国の国章）をつけた絆創膏だらけのオンボロ飛行機に乗って逃げる泣き顔の蒋介石《しょうかいせき》を切り抜いた大きな電気行灯でした。沿道の市民がそれを指さして笑うのが制作者の父への賛美のように誇らしく思えました。

一九三八（昭和一三）年四月、私は小樽稲穂尋常小学校へ入学しました。前年末、日本軍が中国の首都南京を攻略し戦争は終わるかと思われましたが、その気配もなく、国はこのときすべてを戦争にかける国家総動員法を公布しました。施行は五月五日からでしたが、これは国民の生活・経済をすべて官僚の統制下におき、その権限を政府に委任するというものでした。当初それが生活にどのような影響を及ぼすかを多くの人は考えませんでした。

私が小学生になって初めての夏休み、父は中国戦線の日本軍兵士の慰問・視察と称して、自費で単身中国へ出かけました。秋に帰国した父は、日本軍に協力するために北京で看板店を開業するといって、小樽の店を弟子に譲り、中国へ行ってしまいました。残された私たちは一時、近くの借家に移りました。そのころ母の言いつけで肉屋へ買い物に行き、釣り銭をアルミ貨の一銭でもらって帰りました。母は「これは偽物の一銭だから、肉屋へ行って本物の銅の一銭に換えてもらえ」というのです。肉屋の主人が「お前の母さんは新聞を見てないんだろう。これからは一銭は銅貨じゃなくアルミになったんだと母さんに教えてやれ」といいました。母は「お金の価値がなくなったんだね」とため息をつきました。学校の同級生の間で「一銭アルミ貨を頭でこすって水の上に置くと浮く」という話になりました。私が家で実験したところ、見事に水に浮いたので、母は絶望的ため息をついて「お金が水に浮くなんて、日本もおしまいね」といいました。その母が「子ども三人を抱えて、男手もなく、雪の多い小樽では暮らせない」と、父に手紙で子どもっぽく愚痴《ぐち》ったのでしょう。父方の従兄の斡旋《あっせん》で、私たち一家は雪の降らない湘南の平塚市に転居することになりました。

一九三九（昭和一四）年三月末、私たちは平塚市内の東部、馬入川（相模川）寄りの「須賀」に転居しました。同四月、私は平塚第二尋常小学校二年男子白組に転入しました。この学校での一学年は四学級で男子紅白二組、女子紅白二組でした。私は男子白組に編入されましたが、この時の学級担任が、今思い出してもむかつくような人物で、私をクラスに紹介しながら「北海道の学校では、教室の窓からクマがのぞくそうじゃないか？　もしかして、お前、本当はアイヌなんだろう」とこばかにするように悪ふざけしたのです。たちまち私はアイヌということになりました。それから私は自殺を考えるほどの凄絶なイジメに見舞われました。もともとこの学区はかつて漁師町として繁栄していました。それが、関東大震災（一九二三＝大正一二年九月）

で相模川の河床が上昇したために、帆掛け船等の航行ができなくなりました。それまで須賀港に水揚げされた相模湾の魚を県央の相模原まで船で運んで商売していたのです。それができなくなり、漁師町としてはすでに衰退しつつありました。しかし気分的には、繁栄した頃の高飛車な排他的なものを持続していました。また土地柄なのか激しい女性蔑視もありました。当然、よそ者に対する差別感が強く、よそ者の私は日常的に手ひどいイジメにあいました。靴をかくされたり、弁当の中身を捨てられたり、筆入れの鉛筆の芯を全部折られたり、トイレで小便しているときに後ろから突き飛ばされたりで、「どうして人間の子どもは、こうまで意地悪なことを思いつくのか」と本気で考えたものでした。けれども私は、そのことを母に告げませんでした。母が知ったら、血相変えて学校に怒鳴り込み、私は「親に告げ口する腑抜《ふぬ》け野郎」とイジメの度合いが、さらに増すことがわかっていたからです。もちろん担任にもいいませんでした。それどころか、このイジメの原因を造ったのが彼だと思っていましたから、彼を憎んでさえいました。そんな彼にイジメを告げたところで取り上げてくれないことがわかっていたからです。

あるとき、イジメられてただ泣いているだけの情けない私に腹を立てた同級生がいました。それはいつも宿題ができていないとか、読本を読めないとかで担任に殴られていた朝鮮人の子の大山春男で、本名はパク・セツン（朴世春）といいました。彼は私を「意気地なし！」と怒鳴りつけ、私をイジメておもしろがっている同級生たちを次々に殴ったのです。彼は修学延期で私よりいくらか年長でしたし、体格もまさっていましたし、腕力もありました。ところが彼に殴られたイジメの同級生たちが担任に「訳もなく殴られた」と訴えたのです。担任はそれこそ訳も聞かず彼を竹の棒で打ち据えました。私が抗議すると「お前はだまってろ！」と怒鳴りつけ、耳もかしませんでした。パクは私の最初の友だちになりました。私も彼を家に呼び、宿題を手伝ったり、ゲームで遊んだりしました。ところが母が「もう、あの子を家に呼んではいけない」というのです。訳をきくと「あの子はあんたに下品な話ばかりするから」というのです。そして、恐らく彼にも出入禁止を申し渡したのでしょう。それっきり、パクは私の家へはもちろん、学校へも来なくなってしまいました。今にして思えば、彼は大人たちにうける猥談《わいだん》を私に対するサービスのつもりで話したのでしょう。恐らく彼は大人たちだけの環境で育っていたのと、同年齢の子どもの友だちがいなくて、私とのつき合い方もよくわからなかったのでしょう。もちろん私も、その下品といわれた彼の話の中身を理解していませんでした。

それから数年後、町で彼に再会しましたが、くわえタバコで金をせびられ、そのすさんだ様子に私はおびえました。

パクの来なくなった学校では、件《くだん》の担任が病気で長期入院加療ということになり、三学期から私たちの学級は三等分され、それぞれ男子紅組、女子紅・白組に居候《いそうろう》することになりました。私は男子紅組へ編入されましたが、女子組へ行かされた同級生は、男子組へ編入された私たちの同級生から「オンナんちへ居候組」とばかにされたのです。男子紅組へ編入された私たちも、紅組の者たちから「居候組」と差別され、担任教師から「どうした白組、こんなこともわからないのか」といわれたりするので、私はかなり頑張りました。それとパクに宿題などを教えたことで多少とも学力がついていたのでしょう、気がついたら居候組のリーダーに祭り上げられていたのです。私に対するイジメが少なくなりました。

翌一九四〇（昭和一五）年四月、学級担任が代わり、居候組も復帰して、もとの学級になりました。この年は、皇国史観により初代神武天皇《じんむてんのう》即位より二六〇〇年ということで「皇紀二六〇〇年祭」が国家的規模で祝われたのでした。当時の唯一の電波メディアである日本放送協会のラジオが、紀元二千六百年奉祝会・日本放送協会選定の『紀元二千六百年』（増田好生＝作詞・森義八郎＝作曲）とか、同じく奉祝会選定の『紀元二千六百年頌歌《しょうか》』（東京音楽学校作詞・作曲）を繰り返し放送し、一一月一〇日に天皇・皇后臨席のもと宮城前広場で奉祝式典が行われました。それが終了すると「祝いは終わった。さあ働こう！」のスローガンのもと、たちまち戦時下の日常へ引き戻されました。しかし、その間にも続いていた日中戦争のためにインフレが進み、軍需優先、民需圧縮による物資不足が国民生活を圧迫しました。米穀、味噌、醤油、油、塩、砂糖、野菜、果物、魚介類などの食料品の他、衣料、薬品、金物類、皮革製品など、ほとんどの生活必需物資が配給制度で厳しく統制されました。配給品以外の統制物資の売買は「ヤミ取引」とされ、犯罪の対象とされました。当然ヤミ価格は暴騰しました。「贅沢は敵だ！」というスローガンも流布しましたが、よほどの金持ちでもない限り、贅沢などできなくなりました。また全国的に隣組制度が組織され、一部配給業務もまかされましたが、暗に相互監視の効果も担わされたようです。

一九四一（昭和一六）年三月、私たち小学生は学校単位の大日本青少年団に入ることになりました。これは学校外での子どもの行動（遊び）も皇国民錬成の枠にはめ込もうとするものでした。集団登校も、このときに決められました。

続いて四月、平塚第二尋常小学校は平塚第二国民学校となりました。これまで、「小学校は児童身体の発達に留意して道徳教育及び国民教育の基礎並びに其の生活に必須なる普通の知識技能を授くるを以て本旨とす」（小学校令第一条）とされていたのが、「国民学校は皇国の道に則《のっと》りて初等普通教育を施し国民の基礎的錬成を為すを以て目的とす」（国民学校令第一条）となりました。つまり、初等公教育も総力戦体制に即応することになったのです。私は国民学校初等科四年生になりました。これにより教科書も全面的に改訂されました。けれども新しい教科書は一・二年生用だけで、三・四年生用は翌年になりました。私たちの新しい教科書は一九四三（昭和一八）年四月になりました。私は初等科六年生でした。それよりも重大なことは、国民学校になった年の一二月八日に、日本軍は対中国戦争継続の上に対米英蘭の太平洋戦争に突入したことでした。

一九四二（昭和一七）年初頭は、前年末のハワイ真珠湾攻撃から、香港、シンガポール、マニラ攻略などの緒戦《しょせん》の勝利を伝える大本営発表で沸き返りました。けれども、そうした戦捷《せんしょう》騒ぎが一段落した四月一八日、アメリカ空母ホーネットを発進した米空軍のノース・アメリカンＢ25一六機による日本本土初空襲が行われました。

その日は土曜日で午前で授業が終わり、私は家で昼食の後、遊び仲間の集合場所の海岸寄りの広場へ出かけました。そのとき、隣町の神奈川県中郡大磯町の平塚寄りにある高麗寺山の方から「ポン、ポン」という陽気な破裂音がしました。その日は高麗寺山にある高来神社の例祭日でした。この祭りには数多い店が出ることでも有名で、近郷近在の住民たちから「こうらいじさん」の愛称でよばれており、東隣の平塚市や西隣の二宮町から大勢参詣に行く習わしだったので、私はその破裂音を祭礼の打ち上げ花火だと思ったのです。実は、それは本物の高射砲の弾丸の破裂音だったのです。その破裂音とほとんど同時に、飛行艇のようにずんぐりした形の灰黒色の見慣れない飛行機がかなりの低空飛行で、高麗寺山の方から現れ、私たちの目の前を通過して、あっという間に東の方角に姿を消したのです。それからまもなく日本の戦闘機が後を追うように飛んで行きました。それが、まさに本土初空襲のB25ノース・アメリカン機だったのです。私たちはかねがね空襲というのは、敵の飛行機が編隊を組んで、かなりの高度から爆弾やら焼夷弾を投下するものと思っていましたから、それが本物の敵機空襲だと思いませんでした。とにかく、あっという間のことでした。

後にわかったことでしたが、軍司令部は米空母ホーネットの位置から、空襲は一九日の早朝になるだろうと準備をしていたというのです。隙を突かれたというか、裏をかかれたというか、対応が不完全だったのです。さすがに軍部は慌てました。そして、日本海軍は報復的にミッドウェイ作戦を開始しました。しかし日本軍はこの作戦に失敗したのです。以後アメリカ軍の反撃が強化され、日本軍は次第に守勢にまわり始めます。

一九四三（昭和一八）年一月、総力戦体制に沿って、新たに「中等学校令」が出され、翌年四月から施行されることになりました。それまで中等学校の修業年限は五年でしたが、四年に短縮されました。「撃ちてし止まん」のスローガンのもと、鬼畜米英を憎悪するためにジャズ演奏禁止、ジャズレコードの廃棄、英語廃止等々とバカげた世論指導がなされました。もっとも戦局面ではガダルカナル島撤退、山本五十六《いそろく》連合艦隊司令長官の戦死、アッツ島日本守備隊の玉砕《ぎょくさい》（全滅）といった大本営発表で、軍艦マーチより『海ゆかば』の放送回数がふえました。

一九四四（昭和一九）年三月、国民学校初等科の修了を控え、私は中学への入学試験を受けることになりました。ただし平塚市の学区での進学できる県立中学は、難関の湘南中学と秦野中学の二校だけでした。湘南中学は藤沢市にあり他市町村からの入学志望者には高いハードルが設けられているので、平塚第二国民学校からの入学は厳しいと言われました。その時の学級担任に自分の出身校である秦野中学をすすめられ、その入学試験を受けました。内申書選考で、学力テストはなく、筆記試験は常識・時事問題でした。最後が口頭試問で、校長・教頭・生徒監の前で試問に応答するのです。その時の試問は「いま戦局はどうなっていますか？」でした。私としては「負け戦《いくさ》ですから何時までも緒戦の勝利の気分のままでは良くないので、気を引き締める時です」と続けるつもりでしたが、「負け戦です」と言ったとたん校長の顔色がさっと変わり、私の発言をさえぎるように「負け戦と言ってはいけません！　戦局は厳しくなったと言いましょう！」と叱るように言いました。私も「ハイ。戦局は厳しくなりました」と応じました。すると校長は「行ってよろしい」とドアを指しました。控え室に戻った私たち受験生に付き添ってきた国民学校の先生に何をきかれ、どう答えたかとたずねられ、正直に答えたところ、先生の顔つきも変わり「ヤマナカサンよ、あんたえらいことをしでかしてくれたよね」と言って大きなため息をつきました。私もようやく事の次第に気づき、中学への進学をあきらめ国民学校高等科へ行く覚悟を決めました。しかし私は合格しました。それもかなり良い成績だったそうです。今にして思えば、当時「負け戦」も禁句だったようです。

四月、とにかく私は中学生になりました。その時に中等教科書を購入させられましたが、やや間をおいて、最初で最後の文部省国定教科書『中等修身一』を購入させられたのです。それまで中等学校用の修身教科書はありませんでした。当時は戦局面からいっても、それこそ厳しい状況でしたから、教科内容もそれに準じたものでした。特に修身教科書には、まさに過激なウルトラ国体原理主義がもりこまれました。

表紙の次の中扉をめくると、次に「詔勅」と中央に二字だけ印刷されたページがあり、それをめくると「天壌《てんじょう》無窮《むきゅう》の神勅《しんちょく》」、「軍人勅諭《ちょくゆ》」、「教育ニ関スル勅語《ちょくご》」、「青少年学徒ニ賜ハリタル勅語」、「米国及英国ニ対スル宣戦ノ詔書」が一九ページにわたって掲載され、それからようやく本文の「目録」（目次）が始まるという代物《しろもの》でした。この教科書の内容は本文に若干《じゃっかん》の差があるだけで、女学校用や国民学校高等科用も同様でした。そしてこの『中等修身一』を使用させられたのは一九三一（昭和六）年四月から一九三二（昭和七）年三月までに生まれた、ごく限られた世代でした。とはいうものの七月一九日「学徒勤労ノ徹底強化ニ関スル件」（動総四五号・文部・厚生・軍需各次官通達）が出され、授業は満足に行われなくなりました。つまり授業が行われたのは一学期だけで、さらに日曜も登校し近隣農家への勤労奉仕に駆り出されましたので、実際の授業は、ごく少ない日数だけでした。修身の授業は一学年全員が講堂に集合させられて、学年主任の教師からの講話を聞くだけでした。ただし着席こそ許されましたが、両手はきちんと足の付け根に添え、胸を張り、姿勢を正して、顔を教師の方へむけるという姿勢で、教科書から離れたつまらないお説教につき合わされるという、なんとも苦痛だけの時間でした。ですから『中等修身一』は実質的には所持しているだけの教科書でした。しかしこれは当時の中学一年生に文部省（国）が何を教えようとしたのかを示す物証です。今、これを読み直すことにより、改めて天皇絶対の国体原理主義の呪術的な核が明らかになると思われます。また、中学校には教練という科目があり、武道の柔道剣道とは別に軍事教練を受けるわけですが、そこでは必ず「軍人勅諭」に関する講話がついて回りました。

そこで思い出すのは、級友の中の半分以上の人数が陸軍幼年学校を志願したことです。陸軍幼年学校というのは在学三年を修了すると無試験で陸軍予科士官学校へ入学し、そこで修学期間二年で陸軍士官学校本科へ入学、二年修学の後、半年間の隊付き勤務をへて陸軍少尉に任官されるという士官コースの出発点みたいなものでした。応募資格が一三歳から一五歳未満で、中学校一学年二学期修業程度の学力ある者とされていました。陸軍幼年学校のことは、『敵中横断三百里』（一九三一＝昭和六年・大日本雄弁会講談社）や軍事探偵本郷義昭の『亜細亜《アジア》の曙《あけぼの》』（一九三二＝昭和七年・大日本雄弁会講談社）で少年読者から圧倒的な人気を得ていた作家の山中峯太郎が『星の生徒』（一九三五＝昭和一〇年・実業之日本社）、『日出《ひい》づる国の子』（一九四〇＝昭和一五年・国民社）で陸軍幼年学校の生徒をモデルにした小説を出版しておりました。特に後者は文部省推薦図書の指定をうけていたので、私たち国民学校の子どもたちの間でも読まれていました。ですからみんな幼年学校生徒にあこがれていたのです。それもあって、みんな応募資格ができたと思い、志願したのです。ただし私はその入試合格率の厳しいことを知っていましたし、それまでの試験問題集なども見て、とても歯がたたないと思っていたので志願しませんでした。結果は思ったとおり、私の学年からは合格者が出ませんでした。それを知って、ほっとしたのも事実です。もし合格者が出ていたら、私は嫉妬《しっと》で苦しんだかもしれないのです。

とにかく、そうした背景のうちに提示された教科書でした。今、戦前への回帰をたくらむような政権に同調する人たちが増えているようですが、その人たちを含めて戦前の日本の不気味な状況をどれだけの人が知っているでしょうか。その怖さを知って、一歩止まってほしいと思うのです。戦前回帰への結果をイメージするためにも、国体原理主義の行き着く果ての恐ろしさにも気づいてほしいのです。そのための手がかりをこの教科書は十分提示してくれるはずです。

中等修身 一

文部省

中等修身一

文部省

詔　勅

天壤無窮の神勅

豐《とよ》葦《あし》原《はら》の千《ち》五《い》百《ほ》秋《あき》の瑞《みづ》穂《ほ》の國《くに》は是《こ》れ吾《あ》が子孫《うみのこ》の王《きみ》たるべき地《くに》なり。宜《よろ》しく爾《いまし》皇《すめ》孫《みま》就《ゆ》きて治《しら》せ。行矣《さきくませ》。寶祚《あまつひつぎ》の隆《さか》えまさむこと當《まさ》に天壤《あめつち》と窮《きはま》りなかるべし。

これは日本最古の史書と言われる『古事記』や『日本書紀』により、天照大神《あまてらすおおみかみ》が孫の瓊瓊杵尊《ににぎのみこと》を高天原《たかまがはら》（神々がお住まいになる天上）から地上に降臨させる際に下された勅語と言われています。天照大神というのは、大八《おおや》洲《しま》（日本の国土）を造った伊弉諾尊《いざなぎのみこと》・伊弉冉尊《いざなみのみこと》が、この日本を支配する最高の神としてお生みになった女神です。その天照大神は、日本を統治し発展させるために孫の瓊瓊杵尊を地上に降ろしたのです。

文部省が一九三五（昭和一〇）年に起きた国体明徴《めいちょう》運動の手引き書として、一九三七（昭和一二）年五月末に刊行した『国体の本義』では、「これにより厳然とした君臣の大義が昭示せられて、我が国体は確立し」たとも述べて、この神勅こそが「肇国《ちょうこく》の大義」（国をはじめた大きな意義）であり、国体の基礎だというのです。

「国体」というのは、国柄とか国の政治・統治体制のことですが、日本の場合は天照大神の血を引く者のみが天皇となって統治し、それ以外のものは臣下として天皇に仕えるという仕組みの国の形態のことです。これを絶対原則とするのが国体原理主義なのです。

江戸時代中期の国学者本居宣長《もとおりのりなが》は、日本の国はこのような神勅の「肇国の大義」により、天地とともに限りなく永久に発展するのであり、これは世界中の国に、その例を見ない最高の事実だという唯我独尊《ゆいがどくそん》的な国体原理主義を表明したのです。さらに宣長死後の門人を自称する国学者平田篤胤《あつたね》がこれに拍車をかけ、だから「日本が世界万国の祖《そ》であること、日本の皇室が世界万国の主であること、日本の古神道が世界人類の共通の道である」ことを万国に知らしめるべきであると、国体原理主義を基に国威伸張論を打ち出しました。これが幕末期の吉田松陰に引きつがれ、彼に扇動された長州の若者たちは、さらに過激化していきました。

後に昭和戦前右翼の大御所と言われた田中智学《ちがく》はこれと人皇第一代神武天皇践祚《せんそ》の勅語によって「八紘一宇《はっこういちう》の大理想の顕現《けんげん》」、つまり四方八方（世界中）を一軒の家のようにして、天皇の威光を世界に知らしめ、その威光に世界中を平伏せしめるべきであるという大理想の実現化を提言したのです。これは当然、世界制覇の軍国主義につながっていったのです。

軍人勅諭

我《わが》國《くに》の軍《ぐん》隊《たい》は世々《よゝ》天《てん》皇《わう》の統《とう》率《そつ》し給《たま》ふ所《ところ》にそある昔《むかし》神《じん》武《む》天《てん》皇《わう》躬《み》つから大《おほ》伴《とも》物部《ものゝべ》の兵《つはもの》ともを率《ひき》ゐ中國《なかつくに》のまつろはぬものともを討《う》ち平《たひら》け給《たま》ひ高《たか》御《み》座《くら》に即《つ》かせられて天下《あめのした》しろしめし給《たま》ひしより二千五百有《いう》餘《よ》年《ねん》を經《へ》ぬ此《この》間《あひだ》世《よ》の樣《さま》の移《うつ》り換《かは》るに隨《したが》ひて兵《へい》制《せい》の沿《えん》革《かく》も亦《また》屢《しば〳〵》なりき古《いにしへ》は天《てん》皇《わう》躬《み》つから軍《ぐん》隊《たい》を率《ひき》ゐ給《たま》ふ御《おん》制《おきて》にて時《とき》ありては皇《くわう》后《ごう》皇《くわう》太《たい》子《し》の代《かは》らせ給《たま》ふこともありつれと大《おほ》凡《よそ》兵《へい》權《けん》を臣《しん》下《か》に委《ゆだ》ね給《たま》ふことはなかりき中世《なかつよ》に至《いた》りて文《ぶん》武《ぶ》の制《せい》度《ど》皆《みな》唐國《からくに》風《ぶり》に傚《なら》はせ給《たま》ひ六《ろく》衞《ゑ》府《ふ》を置《お》き左《さ》右《う》馬《め》寮《りやう》を建《た》て防人《さきもり》な

と設《まう》けられしかは兵制《へいせい》は整《とゝの》ひたれとも打續《うちつゞ》ける昇平《しようへい》に狃《な》れて朝廷《てうてい》の政務《せいむ》も漸文弱《やうやくぶんじやく》に流《なが》れけれは兵農《へいのう》おのつから二《ふたつ》に分《わか》れ古《いにしへ》の徵兵《ちようへい》はいつとなく壯兵《さうへい》の姿《すがた》に變《かは》り遂《つひ》に武士《ぶし》となり兵馬《へいば》の權《けん》は一向《ひたすら》に其《その》武士《ぶし》ともの棟梁《とうりやう》たる者《もの》に歸《き》し世《よ》の亂《みだれ》と共《とも》に政治《せいぢ》の大權《たいけん》も亦《また》其《その》手《て》に落《お》ち凡《およそ》七百年の閒《あひだ》武家《ぶけ》の政治《せいぢ》とはなりぬ世《よ》の樣《さま》の移《うつ》り換《かは》りて斯《かく》なれるは人力《ひとのちから》もて挽回《ひきかへ》すへきにあらすとはいひなから且《かつ》は我《わが》國體《こくたい》に戻《もと》り且《かつ》は我《わが》祖宗《そそう》の御制《おんおきて》に背《そむ》き奉《たてまつ》り淺《あさ》閒《ま》しき次第《しだい》なりき降《くだ》りて弘化《こうくわ》嘉永《かえい》の頃《ころ》より德川《とくがは》の幕府《ばくふ》其政衰《そのまつりごとおとろ》へ剩外國《あまつさへぐわいこく》の事《こと》とも起《おこ》りて其侮《そのあなどり》をも受《う》けぬへき勢《いきはひ》に迫《せま》りけれは朕《ちん》か皇祖仁《おほぢのみことにん》孝《かう》天《てん》皇《わう》皇考《ちゝのみこと》孝《かう》明《めい》天《てん》皇《わう》いたく宸襟《しんきん》を惱《なやま》し給《たま》ひしこそ

忝《かたじけな》くも又《まな》惶《かしこ》けれ然《しか》るに朕幼《ちんいとけな》くして天津日嗣《あまつひつぎ》を受《う》けし初《はじめ》征夷大《せいいたい》将軍《しやうぐん》其政権《そのせいけん》を返上《へんじやう》し大名《だいみやう》小名《せうみやう》其《その》版籍《はんせき》を奉還《はうくわん》し年《とし》を經《へ》すして海内《かいだい》一統《いつとう》の世《よ》となり古《いにしへ》の制度《せいど》に復《ふく》しぬ是《これ》文武《ぶんぶ》の忠臣《ちゆうしん》良弼《りやうひつ》ありて朕《ちん》を輔翼《はよく》せる功績《いさを》なり歴世《れきせい》祖宗《そそう》の専《もはら》蒼生《さうせい》を憐《あはれ》み給《たま》ひし御遺澤《ごゆゐたく》なりといへとも併我臣民《しかしながらわがしんみん》の其心《そのこころ》に順逆《じゆんぎやく》の理《ことわり》を辨《わきま》へ大義《たいぎ》の重《おも》きを知《し》れるか故《ゆゑ》にこそあれされは此時《このとき》に於《おい》て兵制《へいせい》を更《あらた》め我國《わがくに》の光《ひかり》を耀《かゞやか》さんと思《おも》ひ此《この》十五年か程《ほど》に陸海軍《りくかいぐん》の制《せい》をは今《いま》の様《さま》に建《たて》定《さだ》めぬ夫《それ》兵馬《へいば》の大權《たいけん》は朕《ちん》か統《す》ふる所《ところ》なれは其司々《そのつかさ〲》をこそ臣下《しんか》には任《まか》すなれ其大綱《そのたいかう》は朕親之《ちんみづからこれ》を攬《と》り肯《あへ》て臣下《しんか》に委《ゆだ》ぬへきものにあらす子々孫々《しゝそん〲》に至《いた》るまて篤《あつ》く斯旨《このむね》を傳《つた》へ天子《てんし》は文武《ぶんぶ》の大《たい》

權《けん》を掌握《しやうあく》するの義《ぎ》を存《そん》して再中世以降《ふたゝびちゆうせいいかう》の如《ごと》き失體《しつたい》なからんことを望《のぞ》むなり朕《ちん》は汝等《なんぢら》軍人《ぐんじん》の大元帥《たいげんすゐ》なるそされは朕《ちん》は汝等《なんぢら》を股肱《こかう》と頼《たの》み汝等《なんぢら》は朕《ちん》を頭首《とうしゆ》と仰《あふ》きてそ其親《そのしたしみ》は特《こと》に深《ふか》かるへき朕《ちん》か國家《こくか》を保護《はうご》して上天《しやうてん》の惠《めぐみ》に應《おう》し祖《そ》宗《そう》の恩《おん》に報《むく》いまゐらする事《こと》を得《う》るも得《え》さるも汝等《なんぢら》軍人《ぐんじん》か其職《そのしよく》を盡《つく》すと盡《つく》さゝるとに由《よ》るそかし我國《わがくに》の稜威《みいつ》振《ふる》はさることあらは汝等《なんぢら》能《よ》く朕《ちん》と其憂《そのうれひ》を共《とも》にせよ我武《わがぶ》維《これ》揚《あが》りて其榮《そのえい》を耀《かゞやか》さは朕《ちん》汝等《なんぢら》と其譽《そのほまれ》を偕《とも》にすへし汝等《なんぢら》皆《みな》其職《そのしよく》を守《まも》り朕《ちん》と一心《ひとつこゝろ》になりて力《ちから》を國家《こくか》の保護《はうご》に盡《つく》さは我國《わがくに》の蒼生《さうせい》は永《なが》く太平《たいへい》の福《さいはひ》を受《う》け我國《わがくに》の威《ゐ》烈《れつ》は大《おほい》に世界《せかい》の光華《くわうくわ》ともなりぬへし朕《ちん》斯《かく》も深《ふか》く汝等《なんぢら》軍人《ぐんじん》に望《のぞ》むなれは猶訓《なほをしへ》

諭《さと》すへき事《こと》こそあれいてや之《これ》を左《さ》に述《の》へむ

一軍《ぐん》人《じん》は忠節《ちゆうせつ》を盡《つく》すを本分《ほんぶん》とすへし凡《およそ》生《せい》を我《わが》國《くに》に稟《う》くるもの誰《たれ》かは國《くに》に報《むく》ゆるの心《こころ》なかるへき況《ま》して軍人《ぐんじん》たらん者《もの》は此《この》心《こころ》の固《かた》からては物《もの》の用《いよう》に立《た》ち得《う》へしとも思《おも》はれす軍人《ぐんじん》にして報國《はうこく》の心《こころ》堅固《けんご》ならさるは如何《いか》程《ほど》技藝《ぎげい》に熟《じゆく》し學術《がくじゆつ》に長《ちやう》するも猶《なほ》偶人《ぐうじん》にひとしかるへし其《その》隊伍《たいご》も整《とゝの》ひ節制《せつせい》も正《たゞし》くとも忠《ちゆう》節《せつ》を存《そん》せさる軍隊《ぐんたい》は事《こと》に臨《のぞ》みて烏合《うがふ》の衆《しゆう》に同《おなじ》かるへし抑《そも〳〵》國《こく》家《か》を保護《はうご》し國權《こくけん》を維持《ゆゐぢ》するは兵力《へいりよく》に在《あ》れは兵力《へいりよく》の消長《せうちやう》は是《これ》國運《こくうん》の盛衰《せいすい》なることを辨《わきま》へ世論《せいろん》に惑《まど》はす政治《せいぢ》に拘《かゝは》らす只〻《たゞ〳〵》一途《いちづ》に己《おのれ》か本分《ほんぶん》の忠節《ちゆうせつ》を守《まも》り義《ぎ》は山獄《さんがく》よりも重《おも》く死《し》は鴻毛《こうもう》

よりも輕《かろ》しと覺悟《かくご》せよ其操《そのみさを》を破《やぶ》りて不覺《ふかく》を取《と》り汚名《をめい》を受《う》くるなかれ

一軍人《ぐんじん》は禮儀《れいぎ》を正《たゞし》くすへし凡《およそ》軍人《ぐんじん》には上元帥《かみげんすゐ》より下一卒《しもいつそつ》に至《いた》るまて其閒《そのあひだ》に官職《くわんしよく》の階級《かいきふ》ありて統屬《とうぞく》するのみならす同列同《どうれつどう》級《きふ》とても停年《ていねん》に新舊《しんきう》あれは新任《しんにん》の者《もの》は舊任《きうにん》のものに服從《ふくじう》すへきものそ下級《かきふ》のものは上官《じやうくわん》の命《めい》を承《うけたまは》ること實《じつ》は直《たゞち》に朕《ちん》か命《めい》を承《うけたまは》る義《ぎ》なりと心得《こゝろえ》よ己《おのれ》か隷屬《れいぞく》する所《ところ》にあらすとも上級《じやうきふ》の者《もの》は勿論《もちろん》停年《ていねん》の己《おのれ》より舊《ふる》きものに對《たい》しては總《す》へて敬禮《けいれい》を盡《つく》すへし又《また》上級《じやうきふ》の者《もの》は下級《かきふ》のものに向《むか》ひ聊《いさゝか》も輕侮驕傲《けいぶけうがう》の振《ふる》舞《まひ》あるへからす公務《こうむ》の爲《ため》に威嚴《ゐげん》を主《しゆ》とする時《とき》は格別《かくべつ》なれと

も其外《そのほか》は務《つと》めて懇《ねんごろ》に取扱《とりあつか》ひ慈愛《じあい》を専一《せんいち》と心掛《こころが》け上下《しやうか》一致《いつち》して王事《わうじ》に勤勞《きんらう》せよ若《もし》軍人《ぐんじん》たるものにして禮儀《れいぎ》を紊《みだ》り上《かみ》を敬《うやま》はす下《しも》を惠《めぐ》ますして一致《いつち》の和諧《くわかい》を失《うしな》ひたらんには啻《たゞ》に軍隊《ぐんたい》の蠹毒《とどく》たるのみかは國家《こくか》の爲《ため》にもゆるし難《がた》き罪人《ざいにん》なるへし

一 軍人《ぐんじん》は武勇《ぶいゆう》を尚《たふと》ふへし夫《それ》武勇《ぶいゆう》は我國《わがくに》にては古《いにしへ》よりいとも貴《たふと》へる所《ところ》なれは我國《わがくに》の臣民《しんみん》たらんもの武勇《ぶいゆう》なくては叶《かな》ふまし況《ま》して軍人《ぐんじん》は戰《たゝかひ》に臨《のぞ》み敵《てき》に當《あた》るの職《しよく》なれは片時《かたとき》も武勇《ぶいゆう》を忘《わす》れてよかるへきかさはあれ武勇《ぶいゆう》には大勇《たいいゆう》あり小勇《せういゆう》ありて同《おなじ》からす血氣《けつき》にはやり粗暴《そばう》の振舞《ふるまひ》なとせんは武勇《ぶいゆう》とは謂《い》ひ難《がた》し軍人《ぐんじん》たらむものは常《つね》に能《よ》く義理《ぎり》を辨《わきま》へ能《よ》く膽力《たんりよく》を練《ね》り思《し》

慮《りよ》を殫《つく》して事《こと》を謀《はか》るへし小敵《せうてき》たりとも侮《あなど》らす大敵《たいてき》たりとも懼《おそ》れす己《おのれ》か武職《ぶしよく》を盡《つく》さむこそ誠《まこと》の大勇《たいいゆう》にはあれされは武勇《ぶいゆう》を尚《たふと》ふものは常々《つね〴〵》人《ひと》に接《まじは》るには溫和《おんくわ》を第一《だいいち》とし諸人《しよにん》の愛敬《あいけい》を得《え》むと心掛《こゝろが》けよ由《よし》なき勇《いゆう》を好《この》みて猛威《まうゐ》を振《ふる》ひたらは果《はて》は世人《よのひと》も忌嫌《いみきら》ひて豺狼《さいらう》なとの如《ごと》く思《おも》ひなむ心《こゝろ》すへきことにこそ

一 軍人《ぐんじん》は信義《しんぎ》を重《おも》んすへし凡《およそ》信義《しんぎ》を守《まも》ること常《つね》の道《みち》にはあれとわきて軍人《ぐんじん》は信義《しんぎ》なくては一日《いちじつ》も隊伍《たいご》の中《うち》に交《まじ》りてあらんこと難《かた》かるへし信《しん》とは己《おのれ》か言《こと》を踐行《ふみおこな》ひ義《ぎ》とは己《おのれ》か分《ぶん》を盡《つく》すをいふなりされは信義《しんぎ》を盡《つく》さむと思《おも》はゝ始《はじめ》より其事《そのこと》の成《な》

し得《う》へきか得《う》へからさるかを審《つまびらか》に思考《しかう》すへし朧氣《おぼろけ》なる事《こと》を假初《かりそめ》に諾《うべな》ひてよしなき關係《くわんけい》を結《むす》ひ後《のち》に至《いた》りて信義《しんぎ》を立《た》てんとすれは進退《しんたい》谷《きはま》りて身《み》の措《お》き所《どころ》に苦《くるし》むことあり悔《く》ゆとも其《その》詮《せん》なし始《はじめ》に能《よく》〻事《こと》の順逆《じゆんぎやく》を辨《わきま》へ理非《りひ》を考《かんが》へ其言《そのこと》は所詮《しよせん》踐《ふ》むへからすと知《し》り其義《そのぎ》はとても守《まも》るへからすと悟《さと》りなは速《すみやか》に止《とゞま》ることそよけれ古《いにしへ》より或《ある》は小節《せうせつ》の信義《しんぎ》を立《た》てんとて大綱《たいかう》の順逆《じゆんぎやく》を誤《あやま》り或《ある》は公道《こうだう》の理非《りひ》に踏迷《ふみまよ》ひて私情《しじやう》の信義《しんぎ》を守《まも》りあたら英雄豪傑《えいいうがうけつ》ともか禍《わざはひ》に遭《あ》ひ身《み》を滅《ほろぼ》し屍《かばね》の上《うへ》の汚名《をめい》を後世《のちのよ》まて遺《のこ》せること其例尠《そのためしすくな》からぬものを深《ふか》く警《いまし》めてやはあるへき

一軍人《ぐんじん》は質素《しつそ》を旨《むね》とすへし凡《およそ》質素《しつそ》を旨《むね》とせされは文弱《ぶんじやく》に流《なが》れ輕薄《けいはく》に趨《はし》り驕奢《けうしや》華靡《くわび》の風《ふう》を好《この》み遂《つひ》には貪汚《たんを》に陷《おちい》りて志《こゝろざし》も無《む》下《げ》に賤《いやし》くなり節操《せつさう》も武勇《ぶゆう》も其甲斐《そのかひ》なく世人《よのひと》に爪《つま》はしきせらるゝ迄《まで》に至《いた》りぬへし其身《そのみ》生涯《しやうがい》の不幸《ふかう》なりといふも中ゝ《なか〱》愚《おろか》なり此風《このふう》一《ひと》たひ軍人《ぐんじん》の間《あひだ》に起《おこ》りては彼《か》の傳染病《でんせんびやう》の如《ごと》く蔓延《まんえん》し士風《しふう》も兵氣《へいき》も頓《とみ》に衰《おとろ》へぬへきこと明《あきらか》なり朕《ちん》深《ふか》く之《これ》を懼《おそ》れて曩《さき》に免黜《めんちゆつ》條例《でうれい》を施行《しかう》し略《ほゞ》此事《このこと》を誡《いまし》め置《お》きつれと猶《なほ》も其《その》惡習《あくしふ》の出《いで》んことを憂《うれ》ひて心安《こゝろやす》からねは故《ことさら》に又《また》之《これ》を訓《をし》ふるそかし

汝等《なんぢら》軍人《ぐんじん》ゆめ此訓誡《このをしへ》を等閑《なほざり》に思《おも》ひそ

右《みぎ》の五《ご》ケ條《でう》は軍人《ぐんじん》たらんもの暫《しばし》も忽《ゆるかせ》にすへからすさて之《これ》を行《おこな》

はんには一《ひとつ》の誠心《まごゝろ》こそ大切《たいせつ》なれ抑《そも〳〵》此《この》五《ご》ヶ條《でう》は我軍人《わがぐんじん》の精神《せいしん》にして一《ひとつ》の誠心《まごゝろ》は又《また》五《ご》ヶ條《でう》の精神《せいしん》なり心誠《こゝろまこと》ならされは如何《いか》なる嘉言《かげん》も善行《ぜんかう》も皆《みな》うはへの装飾《かざり》にて何《なに》の用《いよう》にかは立《た》つへき心《こゝろ》たに誠《まこと》あれは何事《なにごと》も成《な》るものそかし況《ま》してや此《この》五《ご》ヶ條《でう》は天地《てんち》の公道《こうだう》人倫《じんりん》の常經《じやうけい》なり行《おこな》ひ易《やす》く守《まも》り易《やす》し汝等《なんぢら》軍人《ぐんじん》能《よ》く朕《ちん》か訓《をしへ》に遵《したが》ひて此道《このみち》を守《まも》り行《おこな》ひ國《くに》に報《むく》ゆるの務《つとめ》を盡《つく》さは日本國《にほんこく》の蒼生《さうせい》擧《こぞ》りて之《これ》を悦《よろこ》ひなん朕《ちん》一人《いちにん》の懌《よろこび》のみならんや

明治十五年一月四日

御名

これが渙発《かんぱつ》される四年前の一八七八（明治一一）年八月二三日、皇居竹橋内（国立近代美術館のある辺り）に在営していた近衛砲兵第一大隊の兵二六〇名が、隊長を殺害して決起した竹橋事件がおきました。前年の西郷隆盛の西南戦争鎮圧に駆り出された近衛連隊兵士に対する論功行賞の遅れや給料の減額から、兵士の不満が爆発し、天皇に直接訴えようとしたのです。これは東京鎮台《ちんだい》（師団の前身）に鎮圧され、陸軍裁判所判決で反徒五三名即刻死刑、残り全員の刑が確定した大事件です。当時、陸軍卿・近衛都督だった山縣有朋《ありとも》は事件の影響が地方鎮台に及ばぬように天皇の名による勅諭《ちょくゆ》で、軍人の実行徳目を列挙して軍の規律強化を図りました。原文は哲学者西《にし》周《あまね》が書き、新聞記者福地源一郎が修正し、枢密院《すうみついん》書記官長の井上毅《こわし》が助言し、その上になお山縣自身も加筆したというものです。それと山縣は根っからの国体原理主義者で民権運動派を嫌っており、それが軍隊に影響を与えないように、政治とは拘わらぬ天皇のための軍隊の確立をねらったのです。

最初の忠節の項に「世論《せいろん》に惑わず政治に拘《かかわ》らず」とありますが、昭和前期に陸軍は積極的に政治に拘《かか》わって大陸侵略を始めたのです。さらに「義は山嶽よりも重く…其操《そのみさお》を破りて不覚を取り汚名を受」けるなとありますが、これは「俘虜《ふりょ》になるなら死ね」ということでした。これを信じた多くの日本兵が投降を拒否して、むざむざと死んでゆきました。

礼儀の項の「上官の命」に逆らえず、捕虜虐待をしてBC級戦犯で処刑された日本将兵も少なくありません。武勇の項で「血気にはやり粗暴の振舞《ふるまい》」をするなとありますが、日本軍は中国大陸・東南アジア占領地で民間人への略奪や凌辱《りょうじょく》など、次の信義の項に違背する暴虐をしばしば行いました。質素の項も、内地の高級官僚の軍人は贅沢《ぜいたく》にすごし、およそ質素とは無縁でした。

戦後になって「所詮《しょせん》、勅語なんて建前《たてまえ》に過ぎなかった」と、多くの旧軍人が回想しています。今にして思えば、軍人勅諭には「責任を取るべきこと」が書かれていませんでした。昭和前期の軍隊という組織は人殺しの道具を持つ凶暴かつ無責任な集団だったのです。

教育ニ關スル勅語

朕惟フニ我カ皇祖皇宗國ヲ肇ムルコト宏遠ニ德ヲ樹ツルコト深厚ナリ我カ臣民克ク忠ニ克ク孝ニ億兆心ヲ一ニシテ世々厥ノ美ヲ濟セルハ此レ我カ國體ノ精華ニシテ教育ノ淵源亦實ニ此ニ存ス爾臣民父母ニ孝ニ兄弟ニ友ニ夫婦相和シ朋友相信シ恭儉己レヲ持シ博愛衆ニ及ホシ學ヲ修メ業ヲ習ヒ以テ智能ヲ啓發シ德器ヲ成就シ進テ公益ヲ廣メ世務ヲ開キ常ニ國憲ヲ重シ國法ニ遵ヒ一旦緩急アレハ義勇公ニ奉シ以テ天壤無窮ノ皇運ヲ扶翼スヘシ是ノ如キハ獨リ朕カ忠良ノ臣民タルノミナラ

ス又以テ爾祖先ノ遺風ヲ顯彰スルニ足ラン

斯ノ道ハ實ニ我カ皇祖皇宗ノ遺訓ニシテ子孫臣民ノ倶ニ遵守スヘキ所之ヲ古今ニ通シテ謬ラス之ヲ中外ニ施シテ悖ラス朕爾臣民ト倶ニ拳々服膺シテ咸其徳ヲ一ニセンコトヲ庶幾フ

明治二十三年十月三十日

御名御璽

一般には「教育勅語《ちょくご》」と呼称されました。

さきに「軍人勅諭《ちょくゆ》」の渙発《かんぱつ》を推進した山縣有朋《ありとも》は、兵士たちが勅諭の趣旨を理解できない現状を憂え、幼少期に忠孝の大義を脳髄へ染みこませるための方法を考えていました。伊藤博文も教育が憲法の項目にないので、教育の法律の基本になるべきものを考えていました。そして彼の子分で当時法制局長官だった井上毅《こわし》が草案を書き、天皇の相談役であった儒学者の元田永孚《もとだながざね》が手を加えたものを山縣内閣のもとで、天皇の名による「教育ニ関スル勅語」として渙発したものでした。つまりは軍人勅諭の入門編みたいなものでした。

本文は元田の主張か、中国の四書五経からの語彙《ごい》が散見されます。一九三七（昭和一二）年三月改訂の陸軍士官学校の教科書『詔勅集謹解《しょうちょくしゅうきんかい》』も左伝・呂氏家訓・中庸からの引用例を挙げています。

それはともかくとして、戦前の小中学校では四大節などの学校での式行事の際には必ず式場で校長により厳かに奉読され、児童生徒は直立不動の姿勢で、これを謹聴したものでした。また戦前の修身教科書では『尋常小学修身書巻四』『初等科修身二』といずれも四年用からのものの冒頭にこれが掲載され、四年生から暗誦させられたり書き取りさせられたものです。

冒頭に我が国民は何時の時代にも「克《よ》ク忠《ちゅう》ニ克《よ》ク孝《こう》ニ」とありますが、それはウソです。だったら南北朝や倒幕戊辰《ぼしん》戦争も起きなかったはずです。つまりもともと国体の精華《せいか》などなかったのです。そして国民の守るべき徳目が続いて「以《もっ》テ天壌無窮《てんじょうむきゅう》ノ皇運《こううん》ヲ扶翼《ふよく》スベシ」が結語です。ですから途中を抜き出したり、省略したりすることをしてはならないのです。

それなのに安倍晋三政権は「教材として教育勅語を部分的に使用してさしつかえない」と閣議決定までしてしまったのです。これは戦前の右翼だったら「教育勅語を切り売りするような許しがたい不敬なる暴挙である」とかみついたはずです。しかも「之《これ》ヲ古今ニ通ジテ謬《あやま》ラズ之ヲ中外《ちゅうがい》ニ施《ほどこ》シテ悖《もと》ラズ」と絶対的な真理として、うたい上げているのです。その結果がどういうことになったか、歴史がきちんと判定をくだしています。

青少年學徒ニ賜ハリタル勅語

（昭和十四年五月二十二日）

國本ニ培ヒ國力ヲ養ヒ以テ國家隆昌ノ氣運ヲ永世ニ維持セムトスル任タル極メテ重ク道タル甚ダ遠シ而シテ其ノ任實ニ繋リテ汝等青少年學徒ノ雙肩ニ在リ汝等其レ氣節ヲ尙ビ廉恥ヲ重ンジ古今ノ史實ニ稽ヘ中外ノ事勢ニ鑒ミ其ノ思索ヲ精ニシ其ノ識見ヲ長ジ執ル所中ヲ失ハズ嚮フ所正ヲ謬ラズ各其ノ本分ヲ恪守シ文ヲ修メ武ヲ練リ質實剛健ノ氣風ヲ振勵シ以テ負荷ノ大任ヲ全クセムコトヲ期セヨ

この勅語の渙発《かんぱつ》された一九三九（昭和一四）年五月二二日は、「陸軍現役将校学校配属令」により、中等学校以上に軍事教練が行われるようになってから一五周年の記念行事が行われた日でした。この法令は第一次世界大戦の後、軍縮が国際間の了解事項となり、日本もこれに参加しました。ただし、陸軍は現役将校を温存させるために、こうした措置をとりました。

この日、宮城前広場で全国青少年学徒代表三万五千名が着剣担銃《になえつつ》の軍装で分列行進するのを昭和天皇が台上から親閲したのです。それが終了した後で、天皇は文部大臣陸軍大将男爵荒木貞夫を宮中に呼び、この勅語を渙発したのです。これも前の勅諭・勅語同様に天皇の直接の意志によるものですから、大臣の副書はありません。

これまた国民学校の教科書『初等科修身三』（五年生用）から冒頭に教育勅語の次に掲載されました。こちらは教育勅語ほど頻繁に式行事で読まれることはありませんでしたが、子どもたちは教育勅語の本文三一六字に対して「青少年学徒ニ賜ワリタル勅語」は一七七字と、ほぼ半分でしたので、謹聴の時間の短いのを喜んだものです。冒頭に近い本文の「任タル極メテ重ク」を「キンタマ極メテ重ク」と内心でひそかに言い換えて、にやっとしながら緊張・謹聴の重い時間を気楽にやり過ごしたものでした。

ただし、こちらも教育勅語と同じように写経よろしく筆写させられましたが、教師は教育勅語ほどには熱をいれなかったような気がします。もっとも私の中学入試のころになると、口頭試問で、この勅語に関する出題があるかも知れぬということで、受験生はこれに関する対策として文中の語句の解釈などについてしつこく教え込まれました。

また教育勅語が皇運扶翼《こううんふよく》の徳目を挙げたのに対し、こちらは青少年学徒の任務を前提に、青少年学徒個々人に内省的に自らを律するための徳目を列挙し、実践を命じるものでした。もちろん極めて観念的なもので、スローガンの羅列《られつ》でしたから、教育勅語ほどの浸透性もなかったように思われます。ですから教師たちにとっても、教育勅語の付録《ふろく》程度の意識しかなかったと思われます。

米國及英國ニ對スル宣戰ノ詔書

天《テン》佑《イウ》ヲ保《ホ》有《イウ》シ萬《バン》世《セイ》一《イツ》系《ケイ》ノ皇《クワウ》祚《ソ》ヲ踐《フ》メル大《ダイ》日《ニツ》本《ポン》帝《テイ》國《コク》天《テン》皇《ノウ》ハ昭《アキラカ》ニ忠《チユウ》誠《セイ》勇《ユウ》武《ブ》ナル汝《ナンヂ》有《イウ》衆《シユウ》ニ示《シメ》ス

朕《チン》茲《コヽ》ニ米《ベイ》國《コク》及《オヨビ》英《エイ》國《コク》ニ對《タイ》シテ戰《タヽカヒ》ヲ宣《セン》ス朕《チン》カ陸《リク》海《カイ》將《シヤウ》兵《ヘイ》ハ全《ゼン》力《リヨク》ヲ奮《フルツ》テ交《カウ》戰《セン》ニ從《ジユウ》事《ジ》シ朕《チン》カ百《ヒヤク》僚《レウ》有《イウ》司《シ》ハ勵《レイ》精《セイ》職《シヨク》務《ム》ヲ奉《ホウ》行《カウ》シ朕《チン》カ衆《シユウ》庶《シヨ》ハ各〻《オノ〳〵》其ノ本《ホン》分《ブン》ヲ盡《ツク》シ億《オク》兆《テウ》一《イツ》心《シン》國《コク》家《カ》ノ總《ソウ》力《リヨク》ヲ擧《ア》ケテ征《セイ》戰《セン》ノ目《モク》的《テキ》ヲ達《タツ》成《セイ》スルニ遺《キ》算《サン》ナカラムコトヲ期《キ》セヨ

抑〻《ソモ〳〵》東《トウ》亞《ア》ノ安《アン》定《テイ》ヲ確《カク》保《ホ》シ以《モツ》テ世《セ》界《カイ》ノ平《ヘイ》和《ワ》ニ寄《キ》與《ヨ》スルハ丕《ヒ》顯《ケン》ナル皇《クワウ》祖《ソ》考《カウ》丕《ヒ》承《シヨウ》ナル皇《クワウ》考《カウ》ノ作《サク》述《ジユツ》セル遠《エン》猷《イウ》ニシテ朕《チン》カ拳々《ケン〳〵》措《オ》カサル

所而《トコロシカウ》シテ列國《レツコク》トノ交誼《カウギ》ヲ篤《アツ》クシ萬《バン》邦《パウ》共《キヨウ》榮《エイ》ノ樂《タノシミ》ヲ偕《トモ》ニスルハ之《コレ》
亦《マタ》帝《テイ》國《コク》カ常《ツネ》ニ國《コク》交《カウ》ノ要《エウ》義《ギ》ト爲《ナ》ス所《トコロ》ナリ今《イマ》ヤ不《フ》幸《カウ》ニシテ米《ベイ》英《エイ》兩《リヤウ》
國《コク》ト釁《キン》端《タン》ヲ開《ヒラ》クニ至《イタ》ル洵《マコト》ニ已《ヤ》ムヲ得《エ》サルモノアリ豈《アニ》朕《チン》カ志《コヽロザシ》ナ
ラムヤ中《チユウ》華《クワ》民《ミン》國《コク》政《セイ》府《フ》曩《サキ》ニ帝《テイ》國《コク》ノ眞《シン》意《イ》ヲ解《カイ》セス濫《ミダリ》ニ事《コト》ヲ構《カマ》ヘテ
東《トウ》亞《ア》ノ平《ヘイ》和《ワ》ヲ攪《カウ》亂《ラン》シ遂《ツヒ》ニ帝《テイ》國《コク》ヲシテ干《カン》戈《クワ》ヲ執《ト》ルニ至《イタ》ラシメ茲《コヽ》
ニ四《ヨ》年《ネン》有《イウ》餘《ヨ》ヲ經《ヘ》タリ幸《サイハヒ》ニ國《コク》民《ミン》政《セイ》府《フ》更《カウ》新《シン》スルアリ帝《テイ》國《コク》ハ之《コレ》ト善《ゼン》
隣《リン》ノ誼《ヨシミ》ヲ結《ムス》ヒ相《アヒ》提《テイ》攜《ケイ》スルニ至《イタ》レルモ重《ヂユウ》慶《ケイ》ニ殘《ザン》存《ソン》スル政《セイ》權《ケン》ハ米《ベイ》
英《エイ》ノ庇《ヒ》蔭《イン》ヲ恃《タノ》ミテ兄《ケイ》弟《テイ》尚《ナホ》未《イマ》タ牆《カキ》ニ相《アヒ》鬩《セメ》クヲ悛《アラタ》メス米《ベイ》英《エイ》兩《リヤウ》國《コク》ハ
殘《ザン》存《ソン》政《セイ》權《ケン》ヲ支《シ》援《エン》シテ東《トウ》亞《ア》ノ禍《クワ》亂《ラン》ヲ助《ジヨ》長《チヤウ》シ平《ヘイ》和《ワ》ノ美《ビ》名《メイ》ニ匿《カク》レテ
東《トウ》洋《ヤウ》制《セイ》覇《ハ》ノ非《ヒ》望《バウ》ヲ逞《タクマシ》ウセムトス剩《アマツサ》ヘ與《ヨ》國《コク》ヲ誘《イザナ》ヒ帝《テイ》國《コク》ノ周《シウ》邊《ヘン》ニ

於《オイ》テ武《ブ》備《ビ》ヲ増《ゾウ》強《キヤウ》シテ我《ワレ》ニ挑《テウ》戰《セン》シ更《サラ》ニ帝《テイ》國《コク》ノ平《ヘイ》和《ワ》的《テキ》通《ツウ》商《シヤウ》ニ有《ア》ラユル妨《バウ》害《ガイ》ヲ與《アタ》ヘ遂《ツヒ》ニ經《ケイ》濟《ザイ》斷《ダン》交《カウ》ヲ敢《アヘ》テシ帝《テイ》國《コク》ノ生《セイ》存《ソン》ニ重《ヂユウ》大《ダイ》ナル脅《ケフ》威《キ》ヲ加《クハ》フ朕《チン》ハ政《セイ》府《フ》ヲシテ事《ジ》態《タイ》ヲ平《ヘイ》和《ワ》ノ裡《ウチ》ニ囘《クワイ》復《フク》セシメムトシ隱《イン》忍《ニン》久《ヒサ》シキニ彌《ワタ》リタルモ彼《カレ》ハ毫《ガウ》モ交《カウ》讓《ジヤウ》ノ精《セイ》神《シン》ナク徒《イタヅラ》ニ時《ジ》局《キヨク》ノ解《カイ》決《ケツ》ヲ遷《セン》延《エン》セシメテ此《コ》ノ間《カン》却《カヘ》ツテ益々《マス／＼》經《ケイ》濟《ザイ》上《ジヤウ》軍《グン》事《ジ》上《ジヤウ》ノ脅《ケフ》威《キ》ヲ増《ゾウ》大《ダイ》シ以《モツ》テ我《ワレ》ヲ屈《クツ》從《ジユウ》セシメムトス斯《カク》ノ如《ゴト》クニシテ推《スイ》移《イ》セムカ東《トウ》亞《ア》安《アン》定《テイ》ニ關《クワン》スル帝《テイ》國《コク》積《セキ》年《ネン》ノ努《ド》力《リヨク》ハ悉《コト／＼》ク水《スヰ》泡《ハウ》ニ歸《キ》シ帝《テイ》國《コク》ノ存《ソン》立《リツ》亦《マタ》正《マサ》ニ危《キ》殆《タイ》ニ瀕《ヒン》セリ事《コト》既《スデ》ニ此《コヽ》ニ至《イタ》ル帝《テイ》國《コク》ハ今《イマ》ヤ自《ジ》存《ソン》自《ジ》衞《エイ》ノ爲《タメ》蹶《ケツ》然《ゼン》起《タ》ツテ一《イツ》切《サイ》ノ障《シヤウ》礙《ガイ》ヲ破《ハ》碎《サイ》スルノ外《ホカ》ナキナリ

皇《クワウ》祖《ソ》皇《クワウ》宗《ソウ》ノ神《シン》靈《レイ》上《カミ》ニ在《ア》リ朕《チン》ハ汝《ナンヂ》有《イウ》衆《シユウ》ノ忠《チユウ》誠《セイ》勇《ユウ》武《ブ》ニ信《シン》倚《イ》シ祖《ソ》宗《ソウ》

ノ遺業《ヰゲフ》ヲ恢弘《クワイコウ》シ速《スミヤカ》ニ禍根《クワコン》ヲ芟除《サンヂョ》シテ東亞《トウア》永遠《エイエン》ノ平和《ヘイワ》ヲ確立《カクリツ》シ
以《モツ》テ帝國《テイコク》ノ光榮《クワウエイ》ヲ保全《ホゼン》セムコトヲ期《キ》ス

御《ギョ》名《メイ》　御《ギョ》璽《ジ》

昭和《セウワ》十六年《ジフロクネン》十二月《ジフニグワツ》八日《ヤウカ》

國務《コクム》各《カク》大臣《ダイジン》副署《フクシヨ》

解説　米国及英国ニ対スル宣戦ノ詔書

一九四一（昭和一六）年一二月八日未明、日本軍は大陸で対中国戦争を継続しながら、日本も加盟した「開戦に関するハーグ条約」第一条に基づく宣戦の通告をせずに、不意打ちで対米英蘭戦に踏み切りました。それを日本国民に知らせ、戦争完遂のために努力せよと命じたのが、この詔書です。

ここには当然、開戦の理由、目的が示されています。また、これについての日本の主張も明らかにしています。「もともと東洋の平和を安定させ、世界の平和に貢献することは、明治・大正天皇から引きついだことで、自分も常々それを実践してきたが、今や不幸にして米英と戦争することになった、これはやむを得ざることで、自分の望むところではない」というのです。そしてその「やむを得ざる」ことの説明に入ります。

それというのも、中国の国民党政権が、日本のいうことをきかず、やたらに逆らって平和を乱し日本が武力介入をしなければならないようにして、四年余もたってしまった。しかもなお、蒋介石《しょうかいせき》の国民党政権は米英両国の援助の下に日本に抵抗し続け、米英両国は表向き平和を唱えながら蒋介石を支援して、東亜の平和を乱し、あわよくば東洋を己《おのれ》の支配下に置こうとし、日本の平和的通商にあらゆる妨害をしてきた。その上なお経済封鎖で資金凍結、石油・ゴム・くず鉄輸出を禁止するなどして日本の生存に重大な脅威を加えてきた。そんなわけで日本は自存自衛のために戦わざるを得なくなったのであるというのです。

つまり日本は悪くない、悪いのは蒋介石の中国国民党と米英ならびに、それに協力する諸外国だというのです。はたして日本は明治・大正から東洋の平和を願ってきたでしょうか。遅れてきた帝国主義日本の歴史は誇れるものだったでしょうか。

それが明らかになったのは、敗戦による国体原理主義の独善性が崩壊し、それに基づいて国民におしつけてきた皇国史観の絶対性が疑われるようになり、国が隠蔽《いんぺい》してきた負の歴史的事実が次々に曝《あば》かれるようになってからです。「日本ヨイ国、キヨイ国。世界ニ一ツノ神ノ国」のような夜郎自大《やろうじだい》な忠君愛国主義が根底から覆《くつがえ》ったのです。

目録

一　皇国の使命……一
二　学びの道……八
三　負荷の大任……十四
四　創造を勗む……二十三
五　父母……三十二
六　至誠……四十

七　勤労の精神……四十五
八　新しい経済……五十四
九　勇気……五十九
十　団体生活……六十七
十一　恩をおもう……七十五
十二　平素の訓練……八十一

一　皇国の使命

われらは今、中等学校の生徒となった。新しい学校に教えを受ける喜び。ほころび初《そ》めた桜の花にも、われらは皇国日本に生まれた誇《ほこ》りを心から感じないではいられない。勤王《きんのう》の志士佐久良《さくら》東雄《あずまお》先生は、

さくらさくうまし御国《みくに》に生《あ》れいでてかくたのしむはうれしからずや

と歌われた。われらはかかる皇国のありがたさ・かたじけなさを深く胸に刻んで、学びの道にいそしまなければならない。

山川の美しさにもいやまさって、いともうるわしく尊いのは、

わが国体である。天壌無窮《てんじょうむきゅう》*1の神勅《しんちょく》に基づいて、君臣の大義とこしえに定まり、万世一系《ばんせいいっけい》の天皇の知ろしめす皇国は、神武《じんむ》天皇御即位以来、既《すで》に二千六百有余年の輝かしい歴史をくりひろげて来た。歴代天皇は、天照大神《あまてらすおおみかみ》の御心《みこころ》を御心とし承《う》け継がせたもうのである。

明治天皇は、

暁《あかつき》のねざめのとこにおもうこと国と民とのうえのみにして

と詠《よ》ませたもうた。御製《ぎょせい》*2に拝するところは、そのまま歴代天皇の大御心《おおみこころ》であらせられる。この大御心のまにまに、国はおのずから平《たいら》けく、民草《たみくさ》はひたすら詔《みことのり》を畏《かしこ》み仰いで、一億一心、聖寿《せいじゅ》*3の無窮を祈り奉り、忠孝の美徳を発揮し、一死報国《いっしほうこく》*4の赤誠《せきせい》*5に燃えるのである。

天皇の御楯《みたて》となりて死なん身の心は常に楽《たぬ》しくありけり
鈴木重胤《すずきしげたね》

という歌の心こそは、そのまま道の国日本に生をうけた者の、誰しもがもつ感懐《かんかい》である。

しかも、君臣の大義を貫き、上下一致して皇運を扶翼《ふよく》し奉ると共に、肇国《ちょうこく》の大精神の発揚《はっよう》に努めることこそ、われらの栄《はえ》ある責務である。肇国は、唯《ただ》太古に行われた過去の事がらというだけではない。天照らす光をあまねく照り徹らせ、万民をはぐくみ育てたもう御事は、いつまでも変わらない明らかな事実である。万邦をして各々その所を得しめ、兆民《ちょうみん》をして悉《ことごと》くその堵《と》に安んぜしめると仰せられてあるのも、全く八紘為宇《はっこういう》[*6]の御精神の現れであると拝察される。

*1　20頁参照　*2　天皇や皇族の詠んだ歌　*3　天皇の寿命　*4　命を捨てて国のために尽くすこと
*5　ひたすら真心をもって接する心　*6　四方八方を一軒の家として天皇の威光に服させる

昭和十六年十二月八日、米国及び英国に対する宣戦の大詔《たいしょう》を下したもうや、国民はこぞって敵撃砕《げきさい》の聖戦に身命を捧げようと、深く心に誓った。

御稜威《みいつ》*7のもと、忠誠勇武なるわが陸軍将兵は、既《すで》に緒戦《しょせん》*8に於《お》いて赫々《かっかく》たる戦果を挙げ、必勝不敗の態勢を固めた。東亜十億の民、また希望に満ち満ちて、大東亜建設のために起《た》ち上がったのである。わが日本を中心として新しい世界の開けて行く、この千《せん》載一遇《ざいいちぐう》の御代《みよ》に生まれ合わせたことを思えば、

　御民《みたみ》われ生けるしるしあり天地の栄《さか》ゆる時にあえらくおもえば
　　海犬養岡麻呂《あまのいぬかいのおかまろ》

の感激を、いよいよ深くしないではいられないであろう。

かえりみれば、明治以来わが国は、道の国日本の真価を発揮し、

東亜永遠の安定を図って世界平和の基礎を固めようと、さまざまの辛苦《しんく》を重ねて来た。大東亜の建設と世界新秩序の確立は、実に皇国の使命であり、肇国《ちょうこく》以来の大理想である。

然《しか》るに、米英両国はいつまでも世界制覇の野望を捨てず、東亜の諸民族に強い圧迫《あっぱく》を加えて、わが使命の遂行《すいこう》を妨げ続けた。さきの満洲事変は、このような事情のうちに起こり、わが国は満洲帝国の建国を助けたのである。けれども、中華民国はわが真意を解せず、その上、米英の甘言《かんげん》に乗せられ

＊7　天皇の威光　＊8　戦争が始まったばかりの頃の戦闘

て、わが国に挑戦して来た。やがて国民政府が更新し、わが国と提携《ていけい》するようになったが、重慶《じゅうけい》にある政権は、なお米英の力を頼んで、その心を改めない。米英もまたこれに乗じ、わが国を圧迫して、遂《つい》に大東亜戦争は勃発《ぼっぱつ》したのである。

敵米英を撃破して、道義に基づく世界新秩序を招来するためには、なお幾多の艱難《かんなん》に打ち克《か》たなければならない。世界制覇というこに強い執着《しゅうちゃく》をもつ敵の反攻は、空に、海に、今や熾烈《しれつ》を極めている。そうして、戦はまさに長期戦となって、激烈な戦闘が引き続き行われている。前線将兵はあらゆる辛酸《しんさん》をなめて敵と戦い、銃後国民もまた、その全力を挙げて、国土防衛と戦力増強のために働き続けているのである。

この時に当たって、皇国の運命を荷なうわれら中等学校生徒は、現在なお学びの道にいそしむことができるのである。われらは皇恩の広大無辺に感激すると共に、戦局の重大なことを思い、皇国男子の真価を発揮して、日常生活を意義深く送らなければならない。そのために最も大切なことは、尊い皇国の使命を深く体認し、国家の命ずるところに従い、各自の力のなし得る限りを尽くし、学問・技能の修練に励《はげ》んで、君国《くんこく》*9に報いる覚悟を固め、又、勤労に従事して、戦力増強に資することである。国家の将来を荷なうわれらは、今こそ真に、皇国民として生をうけたこの光栄に奮《ふる》い起《た》たなければならない。

*9　君主と国家

ここは「米国及英国ニ対スル宣戦ノ詔書」（39頁）の解説です。つまり、この戦争に勝利することが「皇国の使命」なのです。皇国というのは、天皇の国すなわち大日本帝国のことです。「忠義を尽くし、官民一致して、皇室の栄えを支えると共に、肇国《ちょうこく》の大精神の発揚に努めるのが、われらの光栄ある任務である」というのですが、この「肇国の大精神」とは、「神武天皇橿原遷都《かしはらせんと》ノ詔《みことのり》」の「六合《くにのうち》を兼ねて以て都を開き、八紘《はっこう》（あめのした）を掩《おお》ひて宇《いえ》と為《せ》むこと、亦可《またよ》からずや」から「万邦をして各々その所を得しめ、兆民をして悉《ことごと》くその堵《と》に安んぜしめる」ことだと教えています。

つまり世界の国々を一軒の家のようにして、その在り方を納得させ、億兆の民を安堵《あんど》させることが八紘為宇の精神で、「明治以来わが国は、道の国日本の真価を発揮し、東亜永遠の安定を図って世界平和の基礎を固めようと、さまざまの辛苦を重ねて来た。大東亜の建設と世界新秩序の確立は、実に皇国の使命であり、肇国《ちょうこく》以来の大理想である」というのです。

すると、明治初期、隣国の腐敗《ふはい》した王朝に抵抗する東《とう》学《がく》農民の甲午《カポ》農民戦争に介入し、満足に武器も持たない農民たちを新式銃で徹底殺戮《さつりく》した日本軍の非人道的行動、朝鮮半島の支配権を獲得するために宗主国《そうしゅこく》（後見人的同盟国）清国に戦争を仕掛け、一般市民を殺戮し尽くした旅順事件、戦場となった朝鮮の地元民を暴力的に駆り立てて強制的に使役したこと、清国から台湾を割譲させ抵抗する土着民を殺戮したこと、日本の韓国支配に干渉するロシアと日露戦争を始める前に、韓王朝の親露派の明成《ミョンソン》皇后（閔妃《みんぴ》）を虐殺したこと、日露戦争の結果、ロシアの干渉を排除して、ついに韓国を併合したこと、第一次世界大戦のどさくさに紛れて、建国したばかりの中華民国を脅して経済侵略の足がかりを作ったこと、昭和になって、本格的に中国大陸へ侵略を開始したこと、そして占領各地に非人道的犯罪の痕跡《こんせき》を残したこと、そのいずれも「東亜永遠の安定を図って世界平和の基礎を固めよう」とすることで、それが日本の使命だというのです。そのために歴史の改竄《かいざん》や事実の隠蔽《いんぺい》がなされ、根拠のない民族優越感だけが助長され、日本国民は国体原理主義の呪術にとらわれてしまったのです。

二　学びの道

橋本左内《さない》先生が生まれられたのは、明治の大御代《おおみよ》の開ける前のことであった。幼時から学問に志すこと篤《あつ》く、十五歳で早くも「啓発録《けいはつろく》」一巻を著《あらわ》して、己《おのれ》の向かうところを明らかにしていられる。その中に、

志を立つるとは、この心の向かう所をきっと相定め、一度右の如《ごと》く思い詰め候《そうら》えば、いよいよ切《せつ》にその向きを立て、常々その心持ちを失わぬように持ちこたえ候事にて候。凡《およ》そ志と申すは、書物にて大いに発明致《いた》し候か、或《あるい》は師友の講究により候か、或は自分患難憂苦《かんなんゆうく》に迫《せま》り候か、或は憤発激励致

し候かの所より立ち定まり候ものにて、平生安楽無事に致し居《お》り、心のたるみ居《お》り候時に立つことはなし。志なき者は魂《たましい》なき虫に同じ。いつまでたち候うても、丈《たけ》ののぶることとなし。

という言葉がある。実に、学びの道にいそしむ者にとって尊いのは、この立志《りっし》ということである。年少の頃、既《すで》に志を立てること堅く、又、気概《きがい》に燃えたればこそ、先生は若くして謹皇《きんのう》*1の大義に身を挺《てい》し、遂《つい》に国

史に不朽《ふきゅう》の名をとどめるに至ったのである。

われらは昭和の聖代《せいよ》に生をうけ、君国《くんこく》の庇護《ひご》のもとに、今、こうして学校生活を送っている。この幸福を唯《ただ》幸福と思うだけではなく、志をしっかり立て、君国のために学び、君国に報《むく》いる決意を堅くしなければ、何の面目あって父祖《ふそ》にまみえることができよう。

土佐の勤皇の人谷秦山《たにじんざん》もまた、好学の心に燃えた人であった。秦山が志を立てて京都に上ったのは、十七歳の時である。初め浅見絅斎《あさみけいさい》の門に学び、やがてその師山崎闇斎《やまざきあんさい》の教えを乞《こ》うたが、家が貧しいため、闇斎のもとにとどまったのは、前後わずか一年に足りない。しかし、秦山はあくまで師を思う心の厚い人であった。

闇斎は弟子に対するに極《きわ》めて厳《げん》[*2]であったという。秦山はこの師

*1 天子のために忠義を尽くすこと　*2 厳しいこと

に接するに、あたかも親に対するような誠を捧げた。闇斎は天和二年にこの世を去った。当時土佐にあった秦山は、直ちに京都へ出て師の霊を祀《まつ》り、その後も、生前の師と共に歩んだ道を、終生変えることがなかった。秦山は益々《ますます》信念を深め、遂《つい》に皇国を基本とする学問を大成して、貧苦とたたかいながら、大いに勤皇思想を鼓吹《こすい》*3した。

皇国の学問に励んで、国家有用の人物になろうとするわれらは、今、谷秦山先生の精神を範《はん》として、志を堅く持し、師に対する信頼と敬愛の誠を致さなければならない。師は道の親である。山鹿素行《やまがそこう》先生の言葉に、「師を重んじて之《これ》に事《つか》うるは、身を修むる所以《ゆえん》なり。」とある。たとえ、師がいかに厳しくとも、皇国の教えのため、われらの啓導《けいどう》に専心する師の深い心を体して、いよいよ学びの道にいそしまなければならない。

師は教えのためには厳格であるが、その胸中には深く慈愛《じあい》の心をたたえている。われらは、決して師の恩を忘れるようなことがあってはならない。師恩に感じ、師恩に報ずる第一歩は、師に信頼と敬愛の誠を捧げることである。りっぱな仕事を成し遂《と》げて君《くん》国《こく》に報じた人々が、いかに師を思う念に厚かったかを思え。われらは師に対して、どこまでもつつましく、かりそめにも、礼にはずれたふるまいがあってはならない。

どのように学問が進んでも、師の恩を忘れて驕《おご》り高ぶる者は、人として、道にはずれている。まして、修学途上のわれらは、師に対してどこまでも恭敬《きょうけい》*4であり、礼儀を尽《つ》くさなければならない。道を問い、物をたずねるのに、いやしくも不遜《ふそん》な態度があっ

*3 元気づけ励ますこと　*4 つつしみ、うやまうこと

てはならない。謙虚《けんきょ》こそまさに学ぶ者の道である。

師の教えは尊い。しかし、更《さら》にみずから奮発して学ぼうとする気《き》概《がい》に欠けるところがあれば、師の導きも効果がない。古人も、師は大きな鐘のようなものであると言った。弱く打てば小さく鳴り、強く打てば大きく鳴るのである。どこまでも志を遂《と》げようとする気概を以《も》って、進んで師の教えを乞《こ》うてこそ、学問は進む。

しかも、学んだことは、総《す》べて行うことが大切である。どんなに善《よ》い事でも、行わなければ、身についた学問にはならない。頭の中で考えてはわからないことでも、身を以《も》って行えば、自然にわかるようになる。学徒にとって大切なのは、学んだところを行いに生かすことである。

現在、わが国は国を挙《あ》げて聖戦に従事している。われら学徒もまた、前線将兵の心を己《おの》が心として、鍛錬《たんれん》に努めると共に、国家の要求にこたえて、或《あるい》は工場に、或は農村に、戦力増強のため努力しなければならない。われらが進んで事を学ぶ気概をもち続けるならば、われらの赴《おもむ》く所は総《す》べてこれ学校であり、又、われらを導く人は総《す》べてこれ師である。素行先生は又、「其《そ》の言行己《おのれ》より賢《まさ》れる者は以《も》って師とすべし。」とも、「天地は是《こ》れ師なり、事物は是れ師なり。」とも言っていられる。われらの学ぶ所は、決して教室の中だけではない。恭謙《きょうけん》な心を以《も》って学びの道にいそしもうとすれば、どこでも教室となり、道場となることを忘れてはならない。しかも、そのような心構えであってこそ、始めて、われらは皇運扶《ふ》翼《よく》の大義に生きることができるのである。

ここでは勉学の態度について論じています。「たとえ、師がいかに厳しくとも、皇国の教えのため、われらの啓導に専心する師の深い心を体して、いよいよ学びの道にいそしまなければならない」というのは、たとえ手に負えない阿呆《あほう》な暴力教師であっても、教師である以上、尊敬して勉強せよということです。しかし、この時点で、私たち中学低学年生の教室での授業は雨天以外のときはなく、日曜も登校で近隣の農家へ農作業の手伝いなどに駆り出されていました。

「現在、わが国は国を挙げて聖戦に従事している。われら学徒もまた、前線将兵の心を己が心として、鍛錬に努めると共に、国家の要求にこたえて、或は工場に、或は農村に、戦力増強のため努力しなければならない。われらが進んで事を学ぶ気概をもち続けるならば、われらの赴《おもむ》く所は総《す》べてこれ学校であり、又、われらを導く人は総べてこれ師である」ということでした。

私の一家は一九四五（昭和二〇）年三月、北海道小樽市に転居し、私は庁立小樽中学（現・道立小樽潮陵高校の前身）二年に編入すると同時に余市《よいち》の仁木《にき》のリンゴ園の農家に動員されました。私たち主力一〇名の行き先は仁木でも名のある大きなリンゴ園でした。しかし私たちの宿舎は馬小屋を改造したもので、リンゴ箱を並べた上にむしろとゴザを敷いた粗末なものでした。ただし監督に付いてきた教師は、母屋の座敷に寝泊まりして、何と朝っぱらからどぶろくを食らって酔っ払っていました。

あるときリンゴ園の主人は私たちに、ものすごい土砂降りの中を「田の草取りに出ろ」と言ってきたのです。私たちが宿舎の馬小屋を出るのをためらっていると、その酔った教師が督励《とくれい》に来たのです。教科書通りに「国のために働け」というのです。又、私たちはそのリンゴ園では、小樽・札幌から米など買いに来る人との闇取引で、結構儲《もう》けているのを知っていました。私は雨に打たれて草取りしながら、「こんなことが本当にお国のためになるのか。闇取引き親父《おやじ》の手伝いをしているだけじゃないのかな」と思いました。そして私は敗戦の現実で「師という奴《やつ》や大人の言うことは全面的に信じてはならない」ことを学んだものでした。

三　負荷《ふか》の大任《たいにん》

昭和十四年五月二十二日、時あたかも支那事変《しなじへん》のただ中に当たり、全国の学徒代表は、宮城二重橋前の広場で、天皇陛下の御親《ごしん》閲《えつ》[*1]を仰いだ。

この日天気晴朗、空に一点の雲もなく、陽光は青葉に映えて、さながら学徒無上の光栄を祝うかのようであった。三万二千五百余名の学徒代表は、各々校旗を先頭に、一糸乱れぬ堂々の行進を開始した。緑したたる大内山《おおうちやま》を背景に、くっきりと浮かび上った純白の玉座には、天皇陛下の御英姿を拝し奉った。しかも、畏《おそ》れ多いことながら、陛下には御前を行進する各隊に対して、一々挙

＊1　天皇みずから検閲・閲兵すること

手の御答礼を賜ったのである。この光栄、この感激に、誰か奮い起《た》たないでいられよう、三万有余の若人は、皆感激にまなこをうるませて、尽忠報国《じんちゅうほうこく》*2を誓い奉ったのであった。

当日午後、陛下には、更《さら》に文部大臣を宮中にお召しになり、青少年学徒に対して勅語を下し賜った。陛下には、かねて教育に深く大御心《おおみこころ》を垂《た》れさせたまい、屡々《しばしば》教育に関して優渥《ゆうあく》*3な御言葉を賜ったが、このように、特に青少年学徒に勅語を下賜《かし》あらせられたことは、全く空前のことであった。われらは、学徒の上に垂れさせたまう大御心のかたじけなさ・ありがたさに、深い感激を覚えずにはいられない。

勅語には、先《ま》ず初めに、

国本ニ培《つちか》イ国力ヲ養イ以テ国家隆昌《りゅうしょう》ノ気運ヲ永世ニ維持セン

トスル任タル極メテ重ク道タル甚《はなは》ダ遠シ而《しか》シテ其《そ》ノ任実ニ繋《つなが》リテ汝等《なんじら》青少年学徒ノ双肩ニ在《あ》リ

と仰せられてある。青少年は国力の源であり、一国の盛衰《せいすい》は、青少年がしっかりしているかいないかで定まるといっても、過言ではない。かたじけなくも上御一人から、親しくこの重い使命が青少年学徒、即《すなわ》ちわれらの双肩にかかっているぞとの、厚い御信任をこうむっている。更《さら》に、勅語の終わりには、

負荷の大任ヲ全クセンコトヲ期セヨ

と仰せられてある。この深い御期待を身に受けた青少年学徒は、限りない光栄と重責を益々《ますます》深く肝《きも》に銘《めい》じなければならない。

勅語を賜ってからここに数年、支那事変はそのまま大東亜戦争へと移って、今や明らかに決戦の段階へ突き進んで来た。戦局は

＊2　忠義を尽くして国の恩に報いること　＊3　君が臣に対して恵みが厚いこと

まことに深刻である。ガダルカナルの転進から、山本連合艦隊司令長官の壮烈《そうれつ》な戦死、アッツ島に於《お》ける山崎部隊長以下皇軍将兵の玉砕《ぎょくさい》、更《さら》に又、タラワ・マキン両島に於《お》ける柴崎指揮官以下の尊い戦死というような出来事は、一億国民の胸を打ち、前途益々《ますます》容易ならぬものがあることを思わせる。国家の将来を荷なう青少年学徒の務めは、極《きわ》めて重大である。

青少年は、唯《ただ》国家の明日を荷なうだけのものではない。新しい世界の築かれて行く時、青少年は国家の今日を支えると共に、又、明日の国運にも備えるという二重の責任をもつのである。

勅語の中に仰せられてある「国家隆昌《りゅうしょう》*4ノ気運ヲ永世ニ維持セントスル」の道とは、今、大東亜戦争に勝ちぬき、大東亜建設の大業に邁進《まいしん》するということのほかにはない。皇国は、われら青少年学徒が、剛健な心身、強大な実践力、雄渾《ゆうこん》*5な気宇《きう》*6を養い、一切《いっさい》を捧げて君国《くんこく》に報ずる至誠を強く要求している。

青少年学徒の第一に心掛くべきことは、至誠尽忠《しせいじんちゅう》*7の精神に徹《てっ》することである。大伴家持卿《おおとものやかもちきょう》の歌に、大伴氏の言立《ことだて》を述べて、

海行かば水《み》づく屍《かばね》、山行かば草むす屍《かばね》、
大君《おおきみ》の辺《へ》にこそ死なめ、かえりみはせじ。

と言っている。皇国に生まれて忠を致《いた》し、命を捧げることこそ、われら臣民《しんみん》の道である。軍人にまれ、学徒にまれ、そのほかどんな地位、どんな職業にあるにしても、臣民として君国に報いる道に変わりのあるはずはない。国民の心得は、教育に関する勅語の中に、明らかに仰せられてある御訓《みおし》えの一つ一つを、日夜服膺《ふくよう》*8するところにある。終日の坐作《ざさ》進退、学問・技能の習得に及《およ》ぶま

*4　非常に栄えること　*5　力強く、勢いがあること　*6　心のもち方　*7　誠の心をもって忠義を尽くすこと
*8　心にとどめて忘れず行うこと

で、一切《いっさい》の生活が、悉《ことごと》く皇国の道に則《のっと》った修練でなければならない。

毎日、朝夕、父母に孝ならざるか、兄弟に友ならざるか、朋友《ほうゆう》に信ならざるかを反省してみよう。そうして、もし悪かったと気が付いたならば、これを再びしないように心掛けよう。

青少年学徒の第二に心掛くべきことは、皇国の使命に就《つ》いて、深い理会と堅い信念をもつことである。大東亜戦争は、道義に基づく世界新秩序の建設を目ざしている。昭和十五年九月二十七日、日独伊三国条約締結に際して下し賜った詔書《しょうしょ》の中に、

万邦《ばんぽう》[*9]ヲシテ各々其《そ》ノ所ヲ得シメ兆民《ちょうみん》ヲシテ悉《ことごと》ク其《そ》ノ堵《と》ニ安《やす》ンゼシムル[*10]

と、明らかに仰せられてある。われらは、この曠古《こうこ》の大業を翼賛《よくさん》[*11]

し奉るため、遠大な識見とたくましい気魄《きはく》を十分に養わなければならない。

青少年学徒に賜りたる勅語に、

汝等《なんじら》其《そ》レ気節ヲ尚《たっと》ビ廉恥《れんち》ヲ重ンジ古今ノ史実《しじつ》ニ稽《かんが》ヘ中外ノ事勢ニ鑒《かんが》ミ其《そ》ノ思索ヲ精《せい》ニシ其《そ》ノ識見ヲ長ジ執《と》ル所中ヲ失ワズ嚮《むか》ウ所正ヲ謬《あやま》ラズ各《おのおの》其《そ》ノ本分ヲ恪守《かくしゅ》シ文ヲ修メ武ヲ練リ質実剛健ノ気風ヲ振励《しんれい》シ以テ負荷ノ大任ヲ全《まった》クセンコトヲ期セヨ

と仰せられてある。

謹んで按《あん》ずるに、勅語のこの箇所では、青少年学徒の負荷の大任を果たすべき方途に就《つ》いて、お諭《さと》しになったものと拝察《はいさつ》せられる。即《すなわ》ち、学徒としての重大な任務を背負って立つわれらは、気

三　負荷の大任　　二十

＊9　万国　＊10　49頁後ろから3行目は「め」。原文ママ　＊11　天子の政治に力を添えて助けること

概・節操を尚《たっと》んで、言行を清く保ち、恥を知る心を大切にしなければならないと、仰せ出されてある。又、古今の歴史の事実を考察して、己の進むべき道をわきまえ、広く内外の情勢を察して将来に備え、更《さら》に、精密にして、確実な思索力を養い、識見を高めることに努めると共に、片寄るところなく、正しい道を歩んであやまたないようにと諭《さと》したまい、そうして、各々学徒としての本分を慎《つつし》み守って、文武の修練にいそしみ、質素堅実、努めて止まぬ気風を振るい励まし、以《も》って負荷の大任を完《まっと》うすることに努力しなければならないと、宣《のたま》わせたもうたのである。

われらはこのお言葉を心にしめ、大国民としての資質を備えることが大切である。それでなければ、大東亜十億の諸民族の先達《せんだつ》として進むことは到底《とうてい》望まれないのである。

特に肝要《かんよう》なのは、戦時下の青少年が修文練武《しゅうぶんれんぶ》に努め、質実剛健《しつじつごうけん》の気風を振るい起こすことである。

国民精神作興《さっこう》に関する詔書に、

国家興隆《こうりゅう》ノ本ハ国民精神ノ剛健ニ在《あ》リ

と諭させたもうてある。剛健《ごうけん》不屈《ふくつ》の心身にあらずして、どうして現下《げんか》日本の果たすべき大業を成《な》し遂《と》げ、世界の進展に備えることができよう。皇国の使命と戦局の推移《すいい》に深く思いを致《いた》す時、われら学徒は、更《さら》に一段の奮起《ふんき》が必要であることを感じないではいられない。実に、われらの日常生活の根本は、全くこの「皇国のため奮起する」ということをおいて、ほかにはないのである。

*12　ふるいおこすこと

　これは「青少年学徒ニ賜ワリタル勅語」の最後に出てくる字句で、青少年に負わせられている任務のことです。また、青少年学徒に勅語が下賜《かし》されたことは全くの空前だと述べ、「われらは、学徒の上に垂《た》れさせたまう大御心《おおみこころ》のかたじけなさ・ありがたさに、深い感激を覚えずにはいられない」と書いていますが、私たちには、何がかたじけなくて、何がありがたいのか、よくわかりませんでした。つまり、理屈抜きで、そのように思えと強請《きょうせい》しているわけです。そして負荷の大任は大東亜戦争に協力することですが、その戦争につき、

「大東亜戦争は、道義に基づく世界新秩序の建設を目ざしている。昭和十五年九月二十七日、日独伊三国条約締結に際して下し賜った詔書の中に、『万邦ヲシテ各々其ノ所ヲ得シメ兆民ヲシテ悉ク其ノ堵ニ安ンゼシムル』と、明らかに仰せられてある。われらは、この曠古《こうこ》の大業を翼賛《よくさん》し奉るため、遠大な識見とたくましい気魄《きはく》を十分に養わなければならない」と述べていますが、この「各々其ノ所ヲ得シメ」というのが曲者《くせもの》で、侵略戦争を正当化するための常套句《じょうとうく》でした。これについては、すでに説明済みなので省きます。また「世界新秩序の建設」というのは、当時「枢軸国《すうじくこく》」と称した日独伊三国が世界を制覇することでした。

　しかし日本とともに枢軸国を名乗ったドイツ・イタリーがヨーロッパで何をしでかしたか。特にドイツのヒトラーのナチズムの暴虐、それに同調したイタリーのムッソリーニのファシズム、ナチのユダヤ民族根絶（ジェノサイド）思想、その実際の殺戮《さつりく》行為、大量殺人施設などの恐ろしさ。また、日本軍の南京大虐殺など、その他の占領地での非人道的犯罪、あるいは七三一部隊の人体実験やら化学兵器・生物兵器使用の戦争犯罪など。これらは、どう考えても「万邦ヲシテ各々其ノ所ヲ得シメ兆民ヲシテ悉ク其ノ堵ニ安ンゼシムル」行為とは思えません。

　また、この課の終わりに、青少年はかくあるべきだという注文が羅列《られつ》されていますが、今にして思えば、これこそは、当時私たち青少年を錬成して止まなかった大人、教師、軍事教官たちこそが心得るべき項目ではなかったろうかと思えるのです。

四　創造を勗《つと》む[*1]

暁《あかつき》のさわやかな大気を切って、真紅の翼を張った航空機が、飛行場を疾駆《しっく》している。昭和十三年初夏のことであった。燃料を満載した重い機体は、滑走路を一ぱいに走って大地を離れ、そのまま東京湾の海面すれすれに飛んで、次第に高度を上げて行った。時に五月十三日午前四時五十五分、所は木更津《きさらづ》海軍飛行場で、今、航空研究所の試作長距離機が、世界記録を目ざして飛び立ったのである。次第に小さくなって行く機影を見送った関係者一同の面《おもて》には、安堵《あんど》と緊張《きんちょう》の混ざった表情が浮かんでいる。壮図《そうと》[*2]の成功を祈りながら、一同は今日までの苦心を、改めて思い返したの

*1　励む　*2　規模が大きくりっぱな計画

である。

回顧《かいこ》すれば、長い間の辛《しん》苦《く》であった。研究所が、航続性能の非常にすぐれた飛行機を製作しようとして、

設計に取り掛《か》かってからもはや数年になる。すぐれた飛行機を作るためには、精密な科学研究を基礎としなければならない。関係者は、ひたすら模《も》倣《ほう》を排《はい》し独創に努めて、目的を貫こうと、人知れぬ苦労を続けた。

研究所の智能を総動員して設計が出来上がったのは、昭和十年のことである。それからいよいよ工作が始まる。機体・発動機の工作者がそれぞれ決定され、更《さら》に、操縦者として、藤田陸軍中佐

が選ばれた。

世界一の性能を目ざした長距離機のことである。その設計には思い切って新味《しんみ》が加えられたので、いきおい、工作は困難になる。工作者と設計者の双方とも、それぞれ責任を重んずるだけ、自説を主張して折り合うことが容易でなかった。しかし、この国家的事業に対する関係者一同の熱意は、遂《つい》にあらゆる困難を克服《こくふく》して、この優秀な航空機を完成するに至らしめたのである。

第一回の航続飛行を試みた時には、引込脚《ひきこみあし》の故障で失敗したが、それでも、一同は決して失望しなかった。更《さら》に改良を加えて、第二回目の飛行が行われた。その時もまた、約十時間ほど飛行した後、自動操縦装置の故障のため、着陸しなければならなかった。しかし、それでも一同は決して落胆《らくたん》せず、不眠不休で整備に没頭《ぼっとう》したあげく、この十三日の朝を迎えたのであった。

千メートルの高度を取った長距離機は、好調を保って銚子《ちょうし》―太田―平塚―木更津の周回航路を飛翔《ひしょう》し続けた。機上では、藤田中佐を始め副操縦士と機関士が、辛抱《しんぼう》強く、又、慎重《しんちょう》に、或《あるい》は操縦に、或《あるい》は発動機の調整に、力の限りを尽くしている。やがて、機上の第一夜が来た。夜は次第にふけて十一時を過ぎると、大気は澄み、満月は中天に冴《さ》え渡った。月光を浴びながら、長距離機は悠々《ゆうゆう》と関東平野の上を周回している。十四日の午前三時過ぎ、東の空は白《しら》んで、地上近くには霧が現れ、それがだんだと広がった。やがて、海上長くたなびく雲が、次第に赤みを帯びて来る。雲の切れ間から、さっと太陽の光がさした。

二日目も無事に過ぎ、その夜も明けて、搭乗員は第三日を無事機上に迎えたのであった。天気はあくまで快晴である。わが進歩した気象観測の確実さ。天気予報は実にみごとに適中した。しかし、もう少しで、これまでの世界記録を破ることができるという時、機体がわずかに震動し始めた。搭乗員は、「発動機よ、もう暫《しばら》くがまんしてくれ。」と、祈らずにはいられなかった。

そのかいあってか、機は無事に飛翔を続け、遂《つい》に二十七周、記録は破られた。機上の三人は思わず顔を見合わせて、にっこりと笑った。しかし、次の周回の時から雲が重なり始め、やがて付近の山々にも、雨を含んだ雲がだんだんと増して来る。一回を重ね、更《さら》にもう一回という時、藤田中佐は決然として叫んだ。

「これで降りよう。」

燃料はまだ残っている。飛行する気があれば、楽に続けることができる。しかし、中佐は無謀《むぼう》を避けて慎重を期し、ここで着陸を決意したのであった。

機は夕闇《ゆうやみ》の中を、地上の照明灯をたよりに着陸した。時に十五日午後七時二十一分。周回航続距離一万一千六百五十一キロ強の世界記録は、かくてみごとに樹立《じゅりつ》されたのである。搭乗員は三日間の苦闘《くとう》を忘れて、油にまみれた機体に向かい、「よく働いてくれた。ありがとう、ありがとう。」と、何べんも感謝の言葉を述べながら、飛行場に降り立ったのであった。

関係者一同の喜びは、いかばかりであったろう。国民もまた、こぞってこの成功を祝し合った。しかし、関係者たちが過去数年間の張りつめた気持から救われて、一夜ぐっすりと眠った翌朝、藤田中佐は長距離飛行の疲労をものともせず、周回飛行の経験による二十一箇条の改造意見を提出して、関係者たちを一驚《いっきょう》させた。人々は、どこまでも責任を重んずる中佐の態度に、感嘆するほかはなかった。

この航続飛行が、このようにみごとな成功を収めたのは、わが航空技術をいよいよ高めようとして、関係者一同が創造の気魄《きはく》*3に燃えて、科学の研究に、技術の錬磨《れんま》に、精魂を傾けて事に当たったからであった。更《さら》に注意すべきは、各分野の人々が大きな目的のため、深い責任感のうちに一致《いっち》協力したことである。科学も技術も、自分の小さな分野にのみ閉じこもったのではだめである。みんなが目的を一つにして、互いに分を尽くし、力を合わせてこそ、りっぱな実を結ぶことができるのである。

今や、訓練に訓練を重ねた忠誠勇武《ちゅうせいゆうぶ》なわが将兵は、世界に誇る

*3　はげしい意気込み、気力

優秀機を駆《か》って、日ごとに戦果を拡大し続けている。藤田中佐の熱誠《ねっせい》に刺激を受けて、わが航空技術は、日に日に躍進《やくしん》の一途《いっと》をたどり、面目《めんもく》を更《さら》に新たにした航空機が、次々に作られて来た。その後、中佐は大陸の空に奮戦したが、昭和十四年二月、遂《つい》に名誉の戦死を遂《と》げた。しかし、その魂《たましい》はいつまでも残って、航空機の発達を見護《みまも》っているに違いない。

大東亜戦争の真直中《まっただなか》、敵の反攻はいよいよ熾烈《しれつ》を極めている。航空機

や搭乗員は、いくらあっても足りない現状にある。われら学徒は、護国《ごこく》の華《はな》と散った勇士たちの後を承《う》けて、どこまでも大東亜の空を護《まも》りぬこう。

践祚《せんそ》*4後朝見《ちょうけん》*5の儀《ぎ》に於《お》いて賜《たまわ》りたる勅語《ちょくご》に、

模擬《もぎ》ヲ戒《いまし》メ創造ヲ勗《つと》メ日進《にっしん》以《もっ》テ会通《えつう》*6ノ運ニ乗《じょう》ジ日新以テ更《こう》張《ちょう》*7ノ期ヲ啓《ひら》キ

と仰せられてある。われらは、ここに大御心のほどを畏《かしこ》み仰《あお》ぐ時、先輩の苦心の跡《あと》をしのび、更《さら》に工夫創造の根柢《こんてい》に深く培《つちか》い、あらゆる科学技術を磨きに磨いて、科学日本の威力を示すことに邁進《まいしん》しなければならない。

*4　天子の位を受け継ぐこと　*5　成年になってはじめて天皇・皇后に会う儀式　*6　十分に理解すること
*7　ゆるんだ物事を引きしめて、盛んにすること

この課の表題は、「昭和元（一九二六）年十二月二十八日践祚《せんそ》後朝見《ちょうけん》ノ儀《ぎ》ニ於《おい》テ賜《たま》ワリタル勅語《ちょくご》」の末尾の一節から引用した語句で「新しいものを創り出せ」という意味です。

教科書では、これに一九三八（昭和一三）年五月一五日、無着陸の周回航続距離の記録を打ち立てた日本の帝国大学航空研究所の試作長距離機と、それを操縦した藤田陸軍中佐の責任感とをからめたエピソードが語られていますが、いま冷静にこれを読むと表題と中身にズレがあって、その意図が不明です。

この航空機は「航研機《こうけんき》」と呼ばれ、クルーは当時、藤田雄蔵陸軍少佐、高橋福次郎曹長、関根近吉技手で、一万一千六百五十一キロ〇一一メートルの世界最長記録を樹立《じゅりつ》しました。ただし、このレコードは翌年の七月、イタリーのトンディ中佐外三名により一一八四メートルの差をつけて破られてしまいました。教科書では、そのことに触れていません。しかも、この文面では航研機は藤田中佐の判断で、まだ燃料の余裕を残して着陸したという含みをもたせています。つまり「本当はもっと長く飛べたんだぞ」といわんばかりのニュアンスです。

しかしこれでは、藤田中佐の判断は早急に失したといわれかねません。そこであわてて、藤田中佐は長距離飛行の疲労をものともせず、経験による二一箇条の改造意見を提出して関係者たちを驚かせたと述べ「藤田中佐の熱誠に刺激を受けて、わが航空技術は、日に日に躍進の一途《いっと》をたどり、面目《めんもく》を更《さら》に新たにした航空機が、次々に作られて来た。その後、中佐は大陸の空に奮戦したが、昭和十四年二月、遂《つい》に名誉の戦死を遂《と》げた。しかし、その魂はいつまでも残って、航空機の発達を見護っているに違いない」と藤田を称えています。

また、ここに引用されている勅語の字句は、「まねごとを戒め、新しいことを創り出すように努力し、日々様々な事態を乗り越え、日々良くないことは改め、たるまぬように引き締める覚悟をせよ」といったような意味なのですが、何のために、わざわざ勅語の字句を引っ張り出したのか、この課の趣旨とどのようにマッチするのか、さっぱり訳がわかりません。

五　父母

幼児をいつくしむ世の父母の姿を見るにつけ、われらは己《おのれ》の幼時を思い出さずにはいられない。父母は辛苦《しんく》の限りを尽くし、己の身を忘れて、ひたすら、われらが健《すこ》やかに成長して行くのを冀《こいねが》っている。一たびこの事に想い到った時、誰一人父母に感謝・敬慕《けいぼ》*1の心を捧げない者があろうか。

もとより、人として父母を思わない者はない。しかも、われらは唯父母を慕い、父母に心を寄せるだけでよいといえようか。

橋本左内先生の「啓発録」に、

父母の目をぬすみ、芸業・職務を怠り、或《あるい》は父母によりか

*1　強く願うこと

かる心を起こし、或《あるい》は父兄の厳しきをはばかりて、とかく母の膝下《しっか》に近づき隠《かく》るることを欲するたぐい、皆幼童の水くさき心より起こることにして、幼童の間は強いて責むるに足らねども、十三、四にもなり、学問に志し候上《そうろううえ》にて、この心毛《け》ほどにても残りこれある時は、何事も上達致さず、とても天下の大豪傑《だいごうけつ》と成ることは叶《かな》わぬものにて候。

と見えている。

左内先生は、十五歳にして、既《すで》にこのような気概《きがい》をもっていられたのである。幼児ならば、父母に甘えるだけでもよかろう。しかし、われらは今、青年として、深く父母の心を察し、父母に対するみずからの行いを深く反省するところがなければならない。

親子の間がらは、皇国の大道に則《のっと》って、極《きわ》めて大切なものである。教育に関する勅語には、臣民《しんみん》の守るべき道を示したもうて、その最初に「父母ニ孝ニ」と仰せられてある。父母の心を安んじ、家の生活を正しく健やかにすることこそ、皇運扶翼《こううんふよく》の大道を進む第一歩である。

われらの父母は言わず語らずの間に、われらを陛下の赤子《せきし》[*2]として育て、尽忠報国《じんちゅうほうこく》の誠を致すよう心のうちに念じ続けている。道の教えに従って、日夜勉め励むりりしいわが子の姿を見る時こそ、父母は無上の喜びを感ずる。もし、われらにして気概なく、学業を怠り、或は節操なく、道にもとる行い[*3]をすることがあれば、父母を悲しませ、祖先の名を汚す不孝の子であるばかりでなく、大御訓《おおみおし》え[*4]にそむく不忠《ふちゅう》の民といわなければならない。われらは、よくこの道理をわきまえ、父母の意を体《たい》して、常に心身を錬《れん》

＊2　天皇の子、人民　＊3　人間として行うべきあり方に反すること　＊4　天皇のありがたい教え

磨《ま》しなければならない。

「孝《こう》は百行《ひゃっこう》の本《もと》」[*5]という言葉がある。よく父祖《ふそ》の志を継ぎ、家門《かもん》の名誉を思う人であってこそ、始めて忠勇義烈《ちゅうゆうぎれつ》[*6]に生きることができるのである。

昭和十三年三月、北支《ほくし》の空に護国の華《はな》と散った砥綿《とわた》陸軍大尉《たいい》の遺品の中に、長く巻いた一束の手紙があった。それは、数年前から、大尉の父が大尉に書き送った手紙を、一つ残らず継ぎ合わせて保存したものであった。大尉の心中は、死の四日前に綴《つづ》られた日記の一節にもうかがわれる。

突如《とつじょ》、左発動機不調となり、忽《たちま》ち猛烈《もうれつ》なる震動を生じ、白煙を吐く。敵戦線内数百キロ、不時着《ふじちゃく》せば死は必然なりと、乗員ひとしく死を決し、発動機を愛護しつつ帰還を続行す。脚下に渭水《いすい》さむざむと水をたたえ、友軍の進出せる黄河《こうが》の線は、雲煙《うんえん》のかなたにありて見えず。死魔《しま》刻々に襲うも屈せず。必死の勇を鼓《こ》して乗員を励ましつつ東進す。拳銃《けんじゅう》・軍刀・マッチを手近に置き、不時着せば焼却し、敵をほふって自決せんと、機上に皇居を拝し、故山の父母の健康を祈る。

従容《しょうよう》*7として死を覚悟し、機上に皇居を遥拝《ようはい》*8し、又、切に父母の健康を祈り続ける勇士の姿《すがた》をしのぶ時、われらは思わず襟《えり》を正さずにはいられない。この時、一たび危機を脱した大尉も、その後、遂《つい》に大東亜建設の尊い礎《いしずえ》となったのである。

まことに、砥綿大尉の示した深い孝心こそは、そのまま忠誠勇武なわが将兵の心にほかならない。親につかえては至孝《しこう》、敵に対しては必殺の攻撃精神に燃えて敢然《かんぜん》たるところに、皇軍将兵の真《しん》

＊5　孝行はすべての善行の根本である　＊6　忠義の心に厚く、正義感が強いこと　＊7　おちついた、ゆとりのある様子
＊8　遠く隔たった所から拝むこと

面目《めんもく》がある。

明治天皇の御製《ぎょせい》に、

たらちねの親につかえてまめなるが人のまことの始なりけり

と仰せられてある。家にあって孝心深い子なればこそ、真に忠良な臣民ともなり、徳望の高い人ともなるのである。忠を離れて孝はなく、実に孝は忠を根本としている。われらは、この忠孝一本の至情《しじょう》が、一切《いっさい》の善行の基《もと》であることを、深く心に刻んでいなければならない。

「日本外史」によって、一世にその名をうたわれた頼山陽《らいさんよう》は、父亡きあとの母を京都に迎えて、その心を楽しませようと思い立った。母と上洛《じょうらく》の途上、山陽先生は、輿《よ》行けばわれまた行き。
輿《よ》*9止《とど》まればわれまた止まる。
輿《よ》中道上語りてやまず。
歴《れき》指《さ》す某山《ぼうざん》と某水《ぼうすい》と。

と、駕籠《かご》の中にあった母と道中の景色を語らいつつ旅する幸福

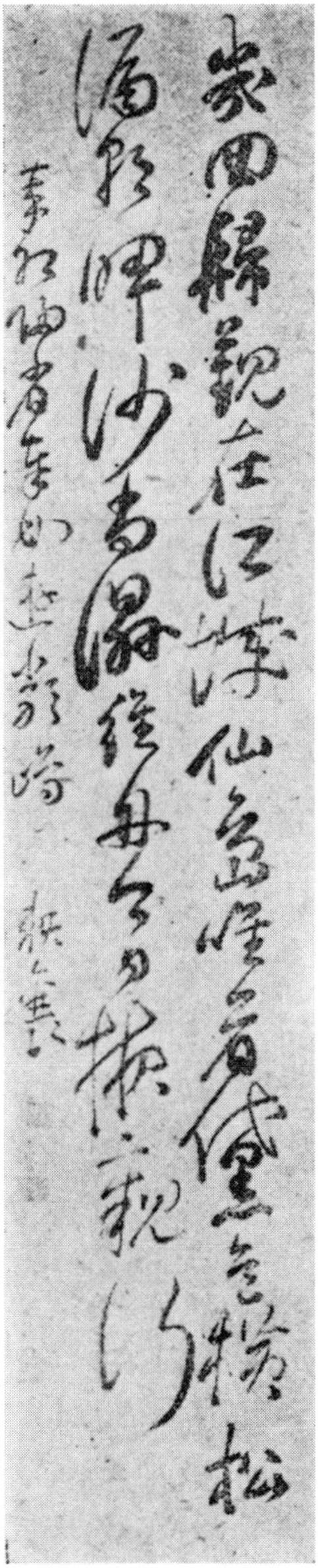

を、詩の一節に叙《じょ》している。又、共に吉野を訪れては、母の喜ぶ顔を見て、

輿《よ》に侍《じ》して百里嶙峋《りんじゅん》*10を渡る。

*9　人を乗せて運ぶかご　*10　山などがけわしくそびえたつさま

＊11　父母によく仕える子ども　＊12　1793〜1871。幕末の維新期の国学者、神道家

花落ちて南山万緑新たなり。
筍蕨杯《しゅんけつはい》をすすむ山館の夕べ。
慈《じ》顔《がん》おのずから十分の春あり。

と詠《えい》じて、孝子《こうし》＊11の喜びを述べている。

「樹《き》静かならんと欲すれども風止まず、子養わんと欲すれども親待たず。」という古語がある。われらは、朝な夕な、敬愛の誠をこめて、父母につかえるよう心掛けることが大切である。しかも、われら皇国の民は、

おやのためつねはをしめてことしあればきみゆえすてん命
とぞおもう
大国隆正《おおくにたかまさ》＊12

という歌の意を体《たい》して、日々を意義深く送るべきである。

ここでも冒頭に、幕末の福井の尊王派で、安政《あんせい》の大獄《たいごく》で処刑された橋本左内の一五歳のときの書『啓発録』からの引用文が掲げられています。その大意は「幼いうちは親に甘えても、十三、四にもなって親離れできない者は天下の豪傑《ごうけつ》にはなれない」という、ごく当たり前のことですが、私たち当時の中学生も、特に天下の大豪傑になりたいと思っていた訳ではありませんが、否応《いやおう》なく「われらは今、青年として、深く父母の心を察し、父母に対するみずからの行いを深く反省するところがなければならない」と決めつけます。

では、その「父母の心」とはどんなものなのでしょうか。教科書は断定的に次のように書いています。

「われらの父母は言わず語らずの間に、われらを陛下の赤子として育て、尽忠報国の誠を致すよう心のうちに念じ続けている」というのです。つまり、天皇陛下の御為に死ぬように育てているというのです。しかし、当時でも、一方では中国の『孝経』から「身体髪膚《しんたいはっぷ》之を父母に受く、敢えて毀傷《きしょう》せざるは孝の始めなり」といって、怪《け》我《が》はもちろん、死ぬなどということは、とんでもない不孝であるとしていたのです。

そこで思い出すのが、『平家物語』で有名な、平重盛の父平清盛に対する態度です。父清盛が後白河上皇を害そうとするのを憂《うれ》えて、「忠ならんとすれば孝ならず、孝ならんとすれば忠ならず」と煩悶《はんもん》するのです。このとき、結果的には横暴な清盛の行動を回避させたのですが、以後「おごる平氏は久しからず」で、滅亡に向けてスタートするのです。とにかく「忠孝両全《ちゅうこうりょうぜん》」などと言うことは、望むべくもないことなのです。

しかし、もうこの段階（太平洋戦争末期）では「忠臣は身を先にし君を後にせず」、つまり私情は後回しにしてまず国につくせ、ということが当然とされたのです。そして御定《おさだ》まりの軍事美談で、華北《かほく》で戦死した砥綿《とわた》陸軍大尉のエピソードです。遺品の中に父からの手紙を一枚残らず巻いてあったこと、さらに遺書には「機上に皇居を拝し、故山の父母の健康を祈る」とあった深い孝心こそは、そのまま忠誠勇武な皇軍将兵の心に他ならないと教科書は断定しています。

六　至誠《しせい》

至誠《しせい》とは止《や》むに止《や》まれぬ真《まこと》の心をいう。誠《まこと》がなければ、何事も成し遂《と》げることはできない。誠を以《も》って行えば、何人の心をも動かすものである。

吉田松陰《しょういん》先生は「人には唯《ただ》一つの誠がある。誠によって君につかえれば忠、父につかえれば孝、友に交われば信。いろいろと名は異なっていても、つまるところ一つの誠である。」という意味のことを述べていられる。われらは、自分一個で生活するものではない。国体の尊厳を思い、自分本位の小さな私情を打ち捨てて、ひたすらに大御心《おおみこころ》のほどを奉体《ほうたい》＊1し、君国《くんこく》のため身命を捧げてこそ、われらの進むべき大道は開かれる。しかも、この大本に立って、親子・兄弟・夫婦・師弟・朋友《ほうゆう》それぞれの分に従い、己《おの》が分《ぶん》を守り、人に対しては恭敬親和《きょうけいしんわ》*2の心を表す時、正しい国民生活は成り立つのである。至誠とは、即《すなわ》ちこれを貫くものにほかならない。

　物事を学ぶに当たっても、誠の心がなければ、真実に触れることはできない。曇《くも》った鏡は、物の姿を正しく映すことができないように、自分の利害を考えて、心の眼を曇らしている者には、物の正しい姿がつかめない。昔から刀匠《とうしょう》は一ふりの刀を鍛《きた》え上げるにも、仕事場に神を祭り、身を潔《きよ》め、心を洗って、一槌《ひとつち》一槌に精魂を打ちこめた。この習わしは今に伝わっているが、神かけて誠になりきった心が物の神髄《しんずい》に徹《てっ》して、始めてみごとな刀が出来上

＊1　心にとどめること　＊2　つつしみ、うやまい、なごやかに親しむこと

がるのである。
知識・技能はもとより大切である。しかし、心を誠にすることが、その根本でなければならない。われらが学ぶ場合にも、この心掛けが最も大切であって、真実に触れることができなければ、学んでも無意味である。又、心を純一《じゅんいつ》*3にして学ばなければ、学んだこともおろそかになる。己を空《むな》しうして師の教えに従い、正しくものを考察処理して、始めて生きた知識が得られる。そういう知識が、皇国のため真に役立つものとなるのである。
軍人勅諭《ちょくゆ》に、
心誠ならざれば如何《いか》なる嘉言《かげん》*4も善行も皆うわべの装飾《かざり》にて何の用にかは立つべき心だに誠あれば何事も成《な》るものぞかし
と仰せられた。われらは聖旨《せいし》のほどを畏《かしこ》み仰《あお》いで、内に深くかえりみるところがなければならない。

古人は、「精神一到何事か成らざらん。」とか、「至誠神に通ず。」とか言った。凡《およ》そ、われらが私心を捨て、正を執《と》って一心不乱に事に当たる時、達成し得られないものはないのである。利己の心にとらわれる者は、常に狭い天地に閉じ込められ、自己以上のもののために心を燃やすことができない。自己のためのみを図り、自己を取りつくろって、少しでも人によく見せようとし、又、心にもないことを言ったり、行ったりするのは、誠に欠けるからである。

「まこと」とは「真言」の意であるともいわれるように、嘘言《きょげん》は誠を失う始めである。司馬温公《しばおんこう》[*5]は、「誠を養わんと欲せば、妄語《もうご》[*6]せざるより始めよ。」と言った。又、「独《ひと》りを慎《つつし》む。」という

＊3　飾りつけや、うそいつわりがないこと　＊4　良い言葉　＊5　中国、北宋の学者、政治家
＊6　うそをつくこと

教えも、古来の金言である。人が見ていようといまいと、常に自分にかえりみて、やましくないように言行を慎むならば、おのずから、そこに誠の心が培《つちか》われるのである。生まれつきや境遇《きょうぐう》に由来する我執《がしゅう》*7を去り、神に通ずる純情無垢《むく》の誠に達するためには、不断の修養を怠《おこた》ってはならない。己《おのれ》ひとり善《よ》しとするような思い上がりは、決して誠ではない。よくよく心して厳しい反省を重ねることが大切である。

　自分を中心として私欲を図《はか》る心は、わが国では、昔から黒《きたな》い心、穢《けが》れた心として、これを祓《はら》い浄《きよ》めることに努め来たった。われらは神社に詣で、神殿に向かって拝礼する時、神々《こうごう》しさに打たれて、すがすがしい清らかな心にならずにはいられない。このような心が、即《すなわ》ち至誠であって、それは明浄《めいじょう》・正直を求めるわが国

民性に由来するものである。宣命《せんみょう》その他に、
明《あ》かき浄《きよ》き直《なお》き誠の心
清き明かき正しき直き心*8
という言葉がくり返されており、ここに、皇国臣民本来の真面目《しんめんもく》*9
がある。昭和の聖代に生をうけたわれらもまた、この祖先の人々
の履《ふ》み行って来た道に従って、益々《ますます》謙虚な気持ちで神前に額《ぬか》づく
と共に、至誠神に通ずる実を挙げなければならない。

＊7　自分だけの考えにとらわれて、そこから離れられないこと　＊8　反逆の意志をもたない心　＊9　本来の姿、真価

ここでも、冒頭は吉田松陰の書の中からの引用ですが、私が中学生になったばかりの頃に松陰は「勤王《きんのう》の神」と崇《あが》められていました。長州の倒幕派の扇動者《せんどうしゃ》で、前章の橋本左内同様に安政の大獄で処刑された人物です。この課では、松陰の言説から『軍人勅諭』につなげています。ここにあげられた軍人勅諭の字句は、五箇条の徳目の末尾に登場します。その意味は「心が誠でなければ、どれほどの善言・善行でも、全て表向きの飾りにすぎず、何の役にも立たない。心に誠があれば、何事でも成就《じょうじゅ》するものであるぞ」という精神主義の真髄《しんずい》みたいなものです。

ここから、この教科書では極めて非科学的に断定します。「凡《およ》そ、われらが私心を捨て、正《ただしき》を執《と》って一心不乱に事に当たる時、達成し得られないものはないのである」というのです。なんだか大東亜戦争下の東条英機首相の演説の口調を思わせるような文体です。

そして、いきなり中国の古典『資治通鑑《しじつがん》』を完成させた北宋《ほくそう》の学者であり政治家だった司馬温公《しばおんこう》の教えが登場します。あれほど国体原理主義で中国蔑視をしてきた文部省がやることとは思えませんが、もともと日本の国体原理主義の発想は中国古典に依拠《いきょ》したものですから「古典は別」という御都合《ごつごう》主義によったのでしょう。

ここから「滅私奉公《めっしほうこう》」へとつなげます。「自分を中心として私欲を図る心は、わが国では、昔から黒い心、穢《けが》れた心として、これを祓《はら》い浄《きよ》める事に努め来たった」として神社に参拝する時「神々しさに打たれて、すがすがしい清らかな心にならずにはいられない。このような心が、即ち至誠であって、それは明浄《めいじょう》・正直を求めるわが国民性に由来するものである」と、当時の国家神道の真髄みたいな結論になるのです。

そして、最後に、宣命《せんみょう》が出てきます。宣命というのは、もともとは、天皇の大命を勅使から臣下へ述べ聞かせて伝えるという意味ですが、後に、その文章のことを指すようになりました。その宣命にしばしば登場したのが「明《あ》かき浄《きよ》き直《なお》き誠の心／清き明かき正しき直き心」という語句で、心について回るいかにも空々《そらぞら》しい形容詞でした。

七　勤労の精神

野には今、さわやかな秋の陽《ひ》を浴びて、収穫の作業がたけなわである。風に乗って遠く近く運ばれて来る稲《いな》こき[*1]の音は、生産の雄《お》たけびにも似て、力強いものがある。どの田にも豊かな稲穂の波打つ間に、家々の人たちが、睦《むつ》まじく、けなげに働いている。遥かかなたに、目も鮮《あざ》やかな日の丸の旗が、風をはらんで青空にはためいている。あの旗の下でも、同級生たちが真剣に作業を続けているに違いない。われらも懸命に働こう。

鎌を取り直して作業に取り掛かると、土の匂いと稲《いな》の香《か》が、生産の喜びをしみじみと感じさせる。実りの秋。今、日本全国に、

＊1　稲のもみを稲穂から落とすこと

国民の命の糧《かて》が、頼《たの》もしく収穫されている。われら学徒の勤労作業が、国の力に寄与すると思えば、鎌取る手にも自然に力がこもる。

かえりみれば、農業はわが国の歴史と共に古い。天照大神は国のはじめに親しく生業《なりわい》を教え給い、斎庭《ゆにわ》*2の穂《いなほ》を授け給うた。豊葦《とよあし》原《はら》の瑞穂《みずほ》の国は、既《すで》に神代から農業が行われて、これを国民生活の基礎として、今日に伝えている。

崇神《すじん》天皇の詔《みことのり》に、

農は天下の大本《おおもと》なり。民の恃《たの》みて以《もっ》て生くる所なり。

と仰せられてある。農民はその尊い生業のために、天佑神助《てんゆうしんじょ》*3に感謝しつつ、ひたすら国運の隆昌《りゅうしょう》を冀《こいねが》いながら、勤労に励んでいる。

このように、農業は大切なものであるが、特に現下の大東亜戦争に際し、これを広く食糧問題と結んで考える時、極めて重大な意味をもって来る。戦争に勝ちぬくためには、もちろん軍備を充実しなければならず、国民思想も健全でなければならない。更《さら》に、それと共に、食糧に対する備えが非常に大切である。

政府は、この点に深く留意して、昭和十四年の頃から、組織的に食糧増産の計画を立て、更《さら》に進んで、米のほか、麦・じゃがい

＊2　はらい浄めた場所　＊3　天や神の助け

も・さつまいもなどを多く用いるように指導して来ている。この計画が、農民の努力と国民一般の協力のもとに、着々と実行されているのは、まことに頼もしいことである。われら学徒の勤労作業は、全くこのような大きな国家の動きの中に行われているのである。

時局重大の折から、多くの働き盛りの人々が、あらゆる職場から、お召しに応じて勇躍《ゆうやく》*4第一線に赴く。われらの作業は、これらの人々に代わって、国家の要望にこたえるために行われる尊い勤労である。これを思えば、われらは君国《くんこく》に捧げる至誠を以《も》って、国家の必要とする仕事に、全身全霊を打ち込んで働かなければならない。

二宮尊徳《にのみやそんとく》先生は、勤労の尊さを身を以《も》って体得し、これを教えとして世に示した人である。その勤労の精神は、皇恩・天地の恩に謝し、至誠を以《も》って国に奉仕するという一念に尽くされている。勤労・分度・推譲《すいじょう》を貫くに至誠を以《も》ってした先生は、徳に報いるに徳を以《も》ってする教えを垂れていられる。

かつて、尊徳先生は小田原藩主の命を受けて、下野《しもつけ》桜町の復興に当たられたことがある。その時、大勢の人夫《にんぷ》の中に一人の老人があって、いつも好んで木株掘りに当たった。この仕事は余り目立たないが、極めて骨の折れるものであった。老人は、他人が休んでいる間にも、自分の仕事を倦《う》まず撓《たゆ》まず、満足そうに続けた。人が、

「休んだらよかろう。」

とすすめても、

*4　勇気にみちて、心がおどること　*5　分をわきまえる　*6　他人を推薦《すいせん》して、みずからは譲《ゆず》ること
*7　作業員。「人夫」は現在では使わない言葉　*8　飽きたり、気をゆるめたりしないで

「わしは老人だから、若い者と一しょに休んだのでは、用が足りない。」

と言って、黙々《もくもく》として働いた。監督の役人は、老人が開墾《かいこん》の事業を嫌って、そんな仕事をするのだと考え、この老人を使う尊徳先生を、ひそかに嘲《あざけ》っていた。しかし、先生は人夫《にんぷ》たちに賃金を払う時、この老人には、却《かえ》って余分に金十五両を与えられた。老人は驚いて、

「私は年を取っておりますので、一人前の賃金をいただくわけがございません。その上、こんな大金をいただいては、心苦しうございます。」

と言って、固く辞退した。

尊徳先生は、

「お前は誰も他人の働こうとしない所で働いた。人に何と言われようとも、真剣に働いてくれた。お前が邪魔《じゃま》な木株をせっせと取りのけてくれたので、仕事がこんなにはかどったのだ。この褒美《ほうび》は、お前の誠実に対する報《むく》いである。これを持って帰って、老いの身を養ってくれれば、私もうれしい。」
と言って、強《し》いて受け取らせた。老人がこの言葉に感動したことは、いうまでもない。尊徳先生は、真に老人の勤労の精神を見ぬいていられたのである。

勤労の精神の大本は、天皇につかえまつる赤誠《せきせい》のほとばしり出るところにある。同時に、それは報恩・感謝の至情《しじょう》＊9を伴うものである。尊徳先生は、実にこの大本に徹した人として、至誠を以《も》って生涯を貫き、つかえまつるという赤誠に終始されたのである。

＊9　このうえなく深い心

しかも、

故道《ふるみち》に積《つ》る木の葉をかきわけて天照神《あまてらす》の足跡を見ん

というのが、その根本の心境であった。天照大神《あまてらすおおみかみ》は豊葦原《とよあしはら》の瑞《みず》穂《ほ》の国を開き給い、歴代天皇これを承《う》け給うて、義は君臣にして情は父子という大御心《おおみこころ》に臣民《しんみん》をいつくしませ給うのであり、臣民また忠誠勇武《ちゅうせいゆうぶ》、ひたすら職分に励み、生業《なりわい》にいそしんで、君臣一《いち》円融合《えんゆうごう》*10するところに、わが国独自の生々発展《せいせいはってん》*11がある。尊徳先生は勤労の生活を通じて、直接に天地自然の理法に触れ、一切の教えの根本である皇国の大道に達せられたのである。

われらもまた、古来の醇風美俗《じゅんぷうびぞく》*12に従い、つかえまつる赤誠をこめて、作業にいそしまなければならない。しかも、目的に向かっては、どこまでも成《な》し遂《と》げるという堅忍持久《けんにんじきゅう》*13の精神が大切であり、中途で挫《ざ》折《せつ》するようなことは、断じてあってはならない。

勤労に当たって戒《いまし》むべきは、自己の働きを以って恩恵を施《ほどこ》したと思い上がったり、或《あるい》は報《むく》いをのみ求めようとしたりすることである。寧《むし》ろ、勤労作業の一日を、教えを受ける一日として、深く感謝する心掛けこそ大切である。この心掛けがあれば、作業に用いる道具なども、決して粗末に扱うことはできない。兵器の手入れをする軍人と全く同じ心で、われらもまた道具をきれいに洗い、きちんと揃《そろ》えて置くゆかしさをもたなければならない。

勤労の尊いのは、ひとり農業だけのことではない。一切《いっさい》の国民の生業は、総《す》べて国力の増強をもたらし、生々発展するわが日本の真価を発揮するものとならなければならない。随《したが》って、どのような仕事にたずさわるにしても、常に創造の心を生かし、勤労の

＊10　万物は一つの円で互いに働き合い一体となることで初めて成果が現れるという、二宮尊徳の言葉
＊11　勢いよく活動し、絶えず向上すること　＊12　人情に厚く美しい生活態度、風俗習慣
＊13　つらさや苦しさに耐え、がまん強くもちこたえること

精神を以って励《はげ》むことが大切である。

又、勤労に当たっては、周到な注意が大切である。事に従って注意深ければ、仕損《しそん》じが少ないばかりか、よい観察もできるものである。常に細かい観察があってこそ、改良や創作の緒《いとぐち》も開かれる。それを歩一歩と進めて行くところに、発明や進歩をみることができるのである。

冒頭の一二行分の文章は、まさにライブで私たち中学一年生の勤労奉仕に参加している心境そのものを表明しているらしいのですが、私には、あまりピンときませんでした。一九四四年（昭和一九）年八月の「学徒勤労令」で授業のある日数が短縮されました。一一月、私は近郷の農家の脱穀作業に駆り出されていました。その時、空襲警報が発令され、はるか上空をアメリカ空軍のB29が通過するのが見えました。秋の日に照らされ銀色に光るその主翼を美しいとさえ思いました。それに対して日本の戦闘機が下方から迎撃したのですが、かわされたあと追撃するのも見えましたが、見る見る引き離されました。私はその時の彼我《ひが》の実力差を見せつけられて、「もうダメだ」と思いました。勤労作業自体がむだなあがきのように感じられたのです。

しかし教科書は、われらの作業は「国家の要望にこたえるために行われる尊い勤労である。これを思えば、われらは君国に捧げる至誠を以って、国家の必要とする仕事に、全身全霊を打ち込んで働かなければならない」というのです。続いて二宮尊徳にまつわるエピソードで、陰日向《かげひなた》なく、人のやらない面倒な仕事を黙々とこなしていた老人に対する尊徳の慰労の言葉が金言《きんげん》になっているのです。そして「勤労の精神の大本は、天皇につかえまつる赤誠のほとばしり出るところにある。同時に、それは報恩・感謝の至情を伴うものである」とみごとに国体原理主義に結びつけています。

そういえば私が小学生のころ、どこの小学校にも二宮金次郎（尊徳）の銅像がありました。国定教科書の『尋常小学唱歌二』（二年生用）にも、「二宮金次郎」の歌がありました。ただし一九四一（昭和一六）年の国民学校教科書『うたのほん下』にはありませんでした。銅像も金属供出で、お寺の鐘と一緒に姿を消し、石像やら陶製に代わったりしました。

戦後復活すると「本を読みながら歩くと交通事故にあうよ」と子どもたちからも不評でした。それに尊徳が書を読み始めたのは十五、六歳の頃で、彼は偉丈夫で大人の三人分の仕事をこなしたそうです。でも学校にあった銅像は小柄のおさない少年でした。つまり正体不明の像でした。

八　新しい経済

われら国民は、常に皇国の隆昌《りゅうしょう》を冀《こいねが》い、その生々発展《せいせいはってん》のために身を捧げようと努めている。この目的を果たすためには、あらゆる妨《さまた》げを取り除いて、皇国を護《まも》ることが大切である。皇国を防衛しない国民は、皇国の民《たみ》ではないとさえいえる。この意味で、われら国民が日々営んでいる経済の働きもまた、当然皇国を護るためのものでなければならない。皇国を護り、又、経済力を強大ならしめて、国運の進展を来すように努めることが、臣民《しんみん》の道である。個人の経済は、もとよりこれに従って立てられなければならない。

これまでは、往々《おうおう》にして、国を護るということと経済とを、別のものであるように考える傾きがあった。つまり、経済は、個々の人々或《あるい》はそれぞれの国が自由に競争して、その欲望を満足させ、一途《いちず》に多くの利益を挙げるためのものと、考えられがちであった。しかし、われらはこのことに就《つ》いて、大いに考え直さなければならない。即《すなわ》ち、一身一家の利害にとらわれないで、どこまでも国家・社会のためを図るべきである。

現代の戦争は、いわゆる総力戦であり、武力と共に経済もまた、戦争から切り離しては考えられない点を思えば、なおさらのことである。

われらは戦争に勝ちぬくために、先《ま》ず、すぐれた強い軍備を整えなければならない。そのためには、性能の高い軍需品《ぐんじゅひん》をたくさんに作り出す生産力を整えて国力をしっかりさせることが大切である。随《したが》って、皇国の経済をもっと深く、もっと強く、もっと広いものにすることが必要になって来る。

「もっと深く」というのは、国民の力をもっと根強く生産に向けることである。「もっと強く」というのは、皇国の経済が、どこまでも自己の力で立つことができるように工夫して、どんな事が起こっても、微動《びどう》だにしない底力をもつようにすることである。「もっと広く」というのは、経済の範囲を日本・満洲・支那《しな》から、更《さら》に大東亜に拡げて、共栄《きょうえい》の実《じつ》を挙げ得るよう、しっかりしたものにすることである。

即《すなわ》ち、皇国経済の目ざすところは、大東亜に於《お》ける自給自足の確立である。そのためには、大東亜の各国が、いろいろな物資を自由に求め得るようにすることが先《ま》ず必要であって、大東亜建設は、一面このために進められているといってもよいほどである。現に、昭和十八年十一月初め、日本国・満洲国・中華民国・タイ国・フィリピン国・ビルマ国及び自由インド仮政府の代表者が東京に集って開かれた大東亜会議では、五項目に亙《わた》る共同宣言が発表されて、その中に、大東亜諸国家の経済提携を強く説き、これをはっきり認めた一項がある。このように、大東亜の諸国家・諸民族は、既《すで》に崇高《すうこう》な道義に基づき、各々その所を得て、大東亜建設の偉業を達成するため邁進《まいしん》しているのである。

この雄大な目標のもと、その実現を期して、さし当たり国内で求めることのできる物資をも、できるだけ必要な用途に当てるように工夫することが大切であり、このために、さまざまの代用品も作られているのである。そうして最後に、われらは、皇国日本を経済力に於《お》いて、世界のどの国よりもすぐれた国にすることを目ざして、努力しなければならない。

帝国政府は昭和十五年、いち早く新しい経済の動く方向を定めて、戦争に勝ちぬくための準備を整えた。もちろん、この戦争は一通りの心構えでは、決して片付くものではない。この際、国民として最も大切なことは、国の定めたところをよく守ることである。いろいろの命令や規則が次々に出され、又、企業の整備が行われるにつけ、われらは皇国をりっぱなものにする戦士であることを固く信じ、それぞれ命令や規則に従って、進まなければならない。

あらゆる統制は、生産力を高め、戦力を増強するために行われる。われらは喜んでこれに協力すると共に、勤労を通して皇国に報《ほう》じ、大東亜建設の偉業を完遂《かんすい》する覚悟をもたなければならない。

日常生活に於《お》いては、物資を節約するために、総《す》べてのむだを省《はぶ》き、努めて消費を少なくすると共に、物資の利用更生を工夫することが大切である。国民としての務めを果たすのも、このような手近なところから始まる。しかも、それがそのまま大東亜建設に挺身《ていしん》*1して、新しい世界をつくる基《もと》となるのである。

*1　率先して身を投げ出し、困難な物事にあたること

この課の趣旨は、国家総動員法の規定による国の経済統制には、いっさい逆らってはならないということなのです。そして「これまでの経済」について概念砕きを展開します。つまり、経済という概念は個々人、もしくは各国が自由競争して、その欲望を満足させ、ひたすら利益追求するものと思われていたが、「一身一家の利害にとらわれないで、どこまでも国家・社会のためを図るべきである。／現代の戦争は、いわゆる総力戦であり、武力と共に経済もまた、戦争から切り離しては考えられない点を思えば、なおさらのことである」というのです。だから戦争に勝ち抜くためには、「皇国の経済をもっと深く、もっと強く、もっと広いものにすることが必要になって来る」として生産力向上・自立強化・大東亜への範囲拡大を挙げます。

その広い皇国経済の目標は「大東亜に於ける自給自足(アウタルキー)の確立である」、つまりアジア経済ブロックの確立だというのです。そこで一九四三(昭和一八)年一一月五・六日帝国議事堂内で開かれた大東亜会議の共同宣言が紹介されます。参加者は中国・満洲国・タイ・フィリピン・ビルマ(ミャンマー)・自由インドなどの日本の息のかかった代表者でした。その宣言の四項目が「大東亜各国は互恵《ごけい》の下緊密に提携し、其の経済発展を図り、大東亜の繁栄を増進す」でした。

そこで、当時の中学一年生に、具体的にどのような任務が課せられたのでしょうか。その前年末に発表された「大東亜戦争一周年・国民決意の標語」入選作の「欲しがりません勝つまでは」の実践でした。衣類は「虫が食わない」と言われた化学繊維混紡製品で「虫も食わない」代物《しろもの》でした。妙《みょう》に光沢があり、衝撃に弱く、すぐ破れ、しわになりやすく、冷たく保温に不向きでした。食糧も主食用に芋・カボチャが配給されました。鉛筆も斜めの板に乗せても転がりませんでした。ノートの紙も鉛筆の芯に混入した異物のために、すぐ破れました。消しゴムも消すのではなく紙の繊維を削って鉛筆の跡を見えにくくするだけの物でした。革靴の革は鮫の皮になったりしたのです。でも、不平を言わずに我慢するのが、皇国への経済報国とされました。

九　勇気

なすべきことは必ず成《な》し遂《と》げ、なすべからざることは決してなさないという意志の強さが、即《すなわ》ち勇気である。誘惑《ゆうわく》をしりぞけ、私欲を抑える克己《こっき》[*1]の徳。艱難《かんなん》[*2]をしのぎ、辛苦《しんく》に打ち克《か》つ忍耐の徳。小成に安んじないで、何事も進んで行う進取《しんしゅ》の気性。これらはいずれも勇気である。

かたくなであったり、強情であったりするのは、見たところいかにも勇気であるように思われるが、しかし、これは正しい事にいさぎよく従うことのできないものであって、決して真の勇気ではないのである。

＊1　自分の感情・欲望・邪念などにうちかつこと　＊2　困難に出合って苦しみ悩むこと

軍人勅諭《ちょくゆ》に、

軍人は武勇を尚《とうと》ぶべし　夫《それ》武勇は我国にては古《いにしえ》よりいとも貴《とうと》べる所なれば我国の臣民たらんもの武勇なくては叶《かな》うまじ　況《ま》して軍人は戦《たたかい》に臨《のぞ》み敵に当たるの職なれば片時も武勇を忘れてよかるべきか　さはあれ武勇には大勇あり小勇ありて同じからず　血気にはやり粗暴の振舞《ふるまい》などせんは武勇とは謂《い》い難し　軍人たらんものは常に能《よ》く義理を弁《わきま》え能《よ》く胆力《たんりょく》*3を練《ね》り思慮を殫《つく》して事を謀《はか》るべし　小敵たりとも侮《あなど》らず大敵たりとも懼《おそ》れず己《おのれ》が武職を尽くさんこそ誠の大勇にはあれ　されば武勇を尚《とうと》ぶものは常々人に接《まじわ》るには温和を第一とし諸人の愛《あい》敬《けい》を得んと心掛けよ　由《よし》なき勇を好みて猛威を振《ふる》いたらば果ては世人も忌嫌《いみきら》いて豺狼《さいろう》*4などの如《ごと》く思いなん心すべきことに

こそ
と仰せられてある。
この勅諭は、もともと軍人に賜《たまわ》ったものであるが、わが国は国民皆兵《かいへい》であり、国民全体がこれを奉体すべきものである。明治以来、数度の戦役・事変に際して、出征する子弟を送った父兄たちが、「家のことは決して心配するな、一心に御《み》国《くに》のために尽くせ。」と言って励まして来たのも、よくこの勅諭を奉体して、尚武《しょうぶ》*5の精神を発揮したものということができる。
畏《かしこ》くも明治天皇の詔《みことのり》に、
祖宗《そそう》以来尚武《しょうぶ》ノ国体
と明らかに仰せられてある。実に尚武《しょうぶ》は、わが日本の御《み》国《くに》ぶりである。大東亜戦争下、いかに多くの忠勇義烈《ちゅうゆうぎれつ》*6な皇軍将兵が真勇を現し

＊3　物事に簡単に驚いたり恐れたりしない気力のこと　＊4　山犬やオオカミ　＊5　武道や武勇を重んじること
＊6　忠義の心に厚く、正義感も強いこと

て、国体の精華《せいか》*7を発揮したかを思い合わすべきである。しかも、われらは、それに続くべき大任を荷なっている。

勇気は、ひとり戦時に大切であるばかりでなく、平時にも大切である。われらが学業に励み、善良な習慣をつくるにも勇気がいり、或《あるい》は又、身体を鍛えるにも勇気がいる。又、病人を治療する医師にも、荒海に乗り出す漁夫にも、勇気がなければ、その業にたずさわることはできない。

つづら折りの道をたどって谷川を渡り、岩根をよじ、始めて高山の頂に達することができる。途中の困難に屈した者は、とても頂上の壮観を味わうことができない。何事をなすにも、先《ま》ず、しっかりと目的を立て、よくそのてだてを考えた上で、順序を追って倦《う》まず撓《たゆ》まず進むことが肝要《かんよう》である。途中で思い掛けない妨げに出会って失敗することがあったにしても、それを又一つの試練として考え、あくまで自分の力を信じ、勇気を出して進まなければならない。一難を突破するごとに、自信はいよいよ強められるものであるから、艱難《かんなん》に面して勇気が挫《くじ》けそうになったならば、更《さら》に大きな困苦に打ち克《か》った人々のことを思い、みずから激励するがよい。このようにして進めば、必ず目的に達することができるのである。

　勇気の多い少ないは、或る程度まで身体の強さ弱さにもよるが、しかし、主となるものは、精神の錬磨《れんま》である。真の勇気は、自分のすることが総《す》べて道義にかない、かえりみて公明正大、少しも天地に恥じないという信念のもとに、始めて生まれる。随《したが》って、精神の錬磨に努め、真の勇者となって、国家のため、強く正しく奉公の誠を尽くさなければならない。

＊7　そのものの本質をなす、最もすぐれている点

われらは、「義は勇に因《よ》りて行われ、勇は義《ぎ》に因りて長《ちょう》ず。」という言葉を絶えず心の糧《かて》にしなければならない。堅忍持久《けんにんじきゅう》の精神、不撓不屈《ふとうふくつ》の気魄《きはく》も、このようなところに、始めて生まれるのである。

文永十一年十月五日、元《げん》の大軍が朝鮮海峡の対馬《つしま》に上陸した。当時の元は、支那《しな》はもとより、遠く中央アジヤを征服し、ヨーロッパまでもその馬蹄《ばてい》で踏みにじったほどの、世界最強を誇る軍隊をもっていた。

ところが、対馬では守護代の宗助国公《そうのすけくにこう》が国府《こくふ》にいて、同日夕刻この報に接すると、直《す》ぐ手配をして、部下八十騎を率い、夜半に佐須《さす》浦《うら》まで急ぎ進軍した。元の軍勢はその五日前に、いち早く先遣《せんけん》船隊を以《も》って対馬の西海岸に上陸し、同日午後には、既《すで》に佐須浦へ進出していたのである。

道路は不完全であり、守備兵も極めてわずかであったわが軍が、上陸の途中で敵をむかえ討つことは、到底《とうてい》できなかった。翌六日は、朝から、更《さら》に一千ばかりの敵が上陸を始めた。そこで助国《すけくに》は、そのわずかな手兵で防戦に努め、ここを先途と戦った。けれども衆《しゅう》寡敵《かてき》しがたく、*8 主将以下全員悉《ことごと》く壮烈《そうれつ》な戦死を遂《と》げたのであった。

対馬を襲った敵は、越えて十四日、更《さら》に壱岐《いき》の島を侵《おか》した。壱岐の守護代平景隆公《たいらのかげたかこう》は、わずか百余騎の軍勢で、敢然《かんぜん》と進撃した。これももちろん衆寡敵すべくもなく、城に引き返して最後の抵抗を行ったが、十五日には、景隆以下の将兵悉《ことごと》く城を枕にして相果《あいは》てたのである。

この時、島民男女はあくまで降服をがえんじなかったので、*9 敵兵のために残忍無道な取り扱いを受けたということが、記録に見えて

*8 多数と少数で相手にならない　*9 肯《がえ》んじない↓聞きいれない。承諾《しょうだく》しない

いる。

あたかも大東亜戦争のさなか、アッツ島に於《お》ける山崎部隊、更《さら》にタラワ・マキン両島の柴崎指揮官以下の将兵は、米国の大軍の来襲を受け、寡兵《かへい》よく戦って遂《つい》に玉砕《ぎょくさい》した。この皇軍将兵の壮烈な最期に、われらは対馬・壱岐の防戦をまざまざと今に見る思いがする。

十数倍の敵をむかえてなお屈せず、全軍悉《ことごと》く忠死するということは、実にわが国にのみ見られる武人の特色であって、それは、ひたすら皇国のために尽くす至誠の念なくしては、できないことである。この至誠の念は、平生の勇気によって養われ、勇気は又、至誠によって発揮される。大東亜戦争下、われらは怠《おこた》ることなく、堅忍持久の精神、不撓不屈の気魄を養い、真の勇者となって、皇国のために七生報国《しちしょうほうこく》＊10を誓わなければならない。

＊10　七度生まれ変わって国に忠誠を尽くすこと

ここでは、克己・忍耐・進取の気性は全て勇気であると前置きして、軍人勅諭の徳目の二番目＝「一軍人は武勇を尚《とうと》ぶべし」と、その解説全文が掲示されています。その解説末尾の部分に、軍人たる者は人に接するに「温和」で、諸人の愛敬を得るべく心がけ、わけもなく粗暴な振る舞いをしたら世間の人々から豺狼（山犬・狼）のように嫌われるから、くれぐれも気をつけるようにと諭しています。

　教科書はこれに続けて、「この勅諭は、もともと軍人に賜ったものであるが、わが国は国民皆兵であり、国民全体がこれを奉体すべきものである。明治以来、数度の戦役・事変に際して、出征する子弟を送った父兄たちが／『家のことは決して心配するな、一心に御国のために尽くせ。』／と言って励まして来たのも、よくこの勅諭を奉体して、尚武の精神を発揮したものということができる」と断定しています。

　しかし、当時の国体原理主義や軍国主義にどっぷり染まった父兄の中には、確かにそういう者もいたかもしれませんが、多くの者、特に女性は、肉親の兵士の召集を災難と思い、その無事帰還を願ったものでした。

　そうした思いを払拭《ふっしょく》するように、教科書は、一二七四（文永一一）年一〇月五日の元寇《げんこう》の際、少数兵力で抵抗、全滅した対馬守護代宗助国のことや、同じく一四日、壱岐に上陸した元軍に抵抗して、一五日に守護代平景隆以下全員戦死したということ、このため島民男女も元兵から残忍非道の扱いをされたというエピソードを紹介します。これを題材にした大映作品『かくて神風は吹く』が一九四四（昭和一九）年末に公開されましたが、これなども元兵の残虐ぶりをしつこく描いて、私などは逆に恐怖感に襲われたほどでした。

　教科書はすでにアッツ・タラワ・マキン島の日本軍守備隊の玉砕（全滅）にふれ、「十数倍の敵をむかえてなお屈せず、全軍悉く忠死するということは、実にわが国にのみ見られる武人の特色であって、それは、ひたすら皇国のために尽くす至誠の念なくしてはできないことである」として、まさに私たちに玉砕忠死《ぎょくさいちゅうし》の覚悟をさせようとしたのです。

十　団体生活

学校や寄宿舎の生活、或《あるい》は広く隣り組や市町村の生活は、総《す》べて団体の生活である。団体生活なしに、われらの生活はない。そうして、この団体生活をりっぱなものにして行くのは、その成員各自の務めである。

遅刻する者や教室で緊張を欠く者が一人でもあれば、それだけで全体の生活の秩序がかき乱されて、一致協力の精神が失われる。遅刻する者は、もちろん訓戒《くんかい》を受ける。しかし、訓戒を恐れて遅刻しないというだけでは、まだほんとうに務めを果たしているとはいえない。全体の中で受けもつ自己の分を自覚すれば、みずから進んで定められた規則を守らないではいられない。規則は、団体生活をいとなむ上に大切な土台である。罰則を恐れて規則を励行《れいこう》[*1]するのでは、真に団体生活の結合を図ることはできない。われらの生活が尊いのは、本分に基づく自己の務めを自覚して、全体のために進んで身をぬきんで出て働き、しかも、それに対してどこまでも責任をとる覚悟をもつところにある。そうして、それは己《おのれ》に克《か》つという強い精神力がなければ、到底《とうてい》できるものではない。

われらは家の生活に於《お》いて、子として、或《あるい》は又兄弟として、長上を尊敬し、幼弱をいたわり、上下の区別を重んずると共に、和気藹々《あいあい》のうちに敬愛《けいあい》の誠を表すのである。この家の精神こそは、いかなる団体生活に於《お》いても、その根本となっている。

強くうるわしい団体生活の基は、成員の規律正しい行動にある。

＊1　決められたことをその通り実行すること

昭和十六年一月八日、陸軍始の吉辰《きっしん》*2に当たって示達《じたつ》*3された戦陣訓に、
皇軍軍紀の神髄《しんずい》は、畏《かしこ》くも大元帥《だいげんすい》陛下に対し奉る絶対随順《ずいじゅん》の崇高《すうこう》なる精神に存す。
上下《しょうか》斉《ひと》しく統帥《とうすい》の尊厳なる所以《ゆえん》を感銘し、上は大権の承行《しょうこう》を謹《きん》厳《げん》にし、下は謹《つつし》んで服従の至誠を致すべし。尽忠《じんちゅう》の赤誠《せきせい》相結び、脈絡一貫、全軍一令の下《もと》に寸毫紊《すんごうみだ》*4るるなきは、是戦捷《これせんしょう》必須の要件にして、又実に治安確保の要道たり。

とある。尽忠の赤誠に発する軍紀の厳正こそ、皇軍の世界に卓絶《たくぜつ》*5するゆえんである。学校生活に於《お》いても、忠良な臣民《しんみん》を育成するという学校の本義をよくわきまえ、愛校の精神に培《つちか》うことがその根本である。そうして、校則を守り、校規を重んじ、同時に師を中心として上下の礼を厚くすることが、何よりも大切である。礼儀が正しく

なければ、上下の秩序は乱れ、規律が失われる。下級生は上級生を敬い、上級生は下級生に威厳を示すと共に、いつくしみを忘れてはならない。そこに、おのずから恭敬親和《きょうけいしんわ》の礼の精神が発揮されるのである。秩序正しく、しかも心を一つにし、一糸《いっし》乱れない統制のもとに動く時、団体は始めて大きな力をもつことができる。

更《さら》に、団体生活にとって大切なのは、団結の精神である。戦陣訓は、又、

軍隊は統率の本義に則り、隊長を核心とし、鞏固《きょうこ》にして而《しか》も和気藹々《あいあい》たる団結を固成すべし。上下各々其の分を厳守し、常に隊長の意図に従い、誠心《まごころ》を他の腹中に置き、生死利害を超越して、全体の為己*6を没するの覚悟なかるべからず。

と教えている。団体生活の真義に徹し、上下互いにまごころを以《も》っ

*2　よい日、めでたい日　*3　上級官庁から下級官庁などに対し、注意や指示を知らせること　*4　きわめてわずか
*5　他に比べるものがないほどすぐれていること　*6　自分のためにすること

て信頼し合うと共に、朋友互いに信義を以《も》って交わる時、団結はいよいよ強められるのである。

家にあっては、おのずからなごやかな親愛と信頼の情が溢《あふ》れる。学校生活に於《お》いては、朋友《ほうゆう》は道にいそしむ同胞《どうほう》である。志を同じくし、勉学・修練を共にして、親切を以っていたわり合う友情が固められなければならない。教育に関する勅語に、「朋友相信ジ」と仰せられてある。朋友は互いに信義を守ると共に、又、一人一人が友の信頼を受けるにふさわしい良友となるように、研学・修徳に努めなければならない。われらが固く手を取り合って進んでこそ、学校生活の真価も発揮されるのである。

なお、団体生活に於《お》いて極めて大切なのは、私をかえりみず、その分を尽くすということである。とかく人は、自利のためには進んで仕事に従事する傾きがあるが、人に認められない仕事を黙々として遂行《すいこう》することには、おろそかになりがちである。しかし、人が見ていようといまいと、なすべきことはこれを成《な》し遂《と》げるのが、真の日本人の心構えである。

この心構えは、大君に対し奉《たてまつ》り、又、祖先に対して、感恩報謝《かんおんほうしゃ》の念に燃えるわれらの赤誠《せきせい》から生まれて来る。この赤誠なくして、団体生活を強化することなどは、到底《とうてい》できない。功名《こうみょう》を求めて人のために尽くすのは、まだ真の献身ではない。華々《はなばな》しい戦果のかげには、ひたむきに大君の御為《おんため》に、喜んで、人目に立たない任務を遂行している多数の勇士たちのあることを、思わなければならない。

わが国民は、今、全力を挙げて職務に精励し、国土防衛・戦力増強・食糧増産に邁進《まいしん》している。国家の力をいやが上にも強めるため

*7　恩を感じる人に最高の礼をもって報いること

には、一億の民が皇国の大義に徹して、挙国《きょこく》一致の団結を固めなければならない。しかも、国民が互いに信義を守り、互いに譲り合って力を合わせ、敬愛の誠を尽くすことが、何よりも大切である。明治天皇の御製《ぎょせい》に、

小山田の畔《あぜ》のほそ道細けれどゆずりあいてぞしづ*8は通える

と仰せられてある御訓《みおし》えのほどを、われらは固く心にしめて、国民の団結をいよいよ強くすることに努めなければならない。

国民の生活は、緊張その極に達している。この時に当たって、われら中等学校生徒が、学校生活の余暇になすべきことは極めて多い。われらは、友と心を一つにして、益々《ますます》学校生活をりっぱなものにするのはもちろんのこと、世の人々に対しても、親切の心を失わないようにすべきである。

近隣のため進んで働くならば、どんなにか人々に喜ばれることであろう。又、通学の乗物の中でも、礼儀正しくふるまい、他人に不快の感を与えるようなことは厳《げん》に慎《つつし》み、か弱い老人や婦人・子供に親切を尽くすことは、自分としても心から嬉しいことである。このような、溌剌《はつらつ》たる中等学校生徒の姿は、見る者の心にもまた深い感動を与え、緊張した戦時生活の中にも、心豊かな温かさが満ち溢《あふ》れて、日々新しい力が盛り上がるのである。

＊8　農民、身分の低い者

冒頭で、「学校や寄宿舎の生活、或は広く隣り組や市町村の生活は、総べて団体の生活である。団体生活なしに、われらの生活はない」と規定していますが、これではどこにいても団体生活に組み込まれてしまいます。事実、当時の権力はそのつもりでした。そしてこの団体生活をりっぱなものにしていくのが、その成員各自の務めであるというのですが、「りっぱなもの」とは、どういうものでしょうか。教科書は、全体の秩序が保たれていて、定められた規則に従い、率先して働き団体の結合を図るものとしています。

そこで「戦陣訓」が登場します。一九四一（昭和一六）年一二月八日、陸軍大臣東条英機の名で全陸軍将兵に示《じ》達《たっ》した訓令で、長引く日中戦争で、日本軍の規律が乱れ、占領下での非行が目立つようになったので、それに対する訓戒でした。これは本訓其の一＝七項、其の二＝十項、其の三＝二項にわたる長文でした。教科書はまず、其の一の第三軍紀をあげています。それは「皇軍軍紀の神髄は、天皇に対する絶対従順の精神で成り立つ。上は将校から一兵卒にいたるまで、陛下の尊く厳かなことを心に刻み、陛下の権限を慎み仰ぎ、絶対服従しなければならない。これに忠義の誠が結びつき、全軍一令の下に乱れ無いことが戦いに勝つ要件であり、世の中安定の重要な道である」というのですが、それを軍隊同様に国民全体に押しつけます。学校でも校則校規を守り、教師を中心に礼儀を正しく、下級生上級生の秩序を正し、一糸乱れぬ統制の下に動けば、その団体は大きな力を持つというのです。

そして戦陣訓其の一の第四団結の項を掲げます。

ここでは「常に隊長の意図に従い、誠心をもって他者に配慮し、生死利害を越えて全体のために自分を犠牲にする覚悟がなければならぬ」と、滅《めっ》私《し》奉《ほう》公《こう》の精神が強調されています。そして、軍隊でもない家庭・学校生活にも言及し、軍隊同様に教育勅語の徳目の徹底実践を強要します。もともと私は臆病でしたが「どうせ死ぬことを決められているのだから、死ぬ時は余りじわじわと苦しまずに、一気に瞬間的に死にたいものだ。それには特攻隊志願だな」と思ったものです。

十一　恩をおもう

松尾芭蕉翁《まつおばしょうおう》が門人の行脚《あんぎゃ》に対して、その心得を諭したものといわれている「行脚掟《あんぎゃのおきて》」の中に、「一字の師恩たりともわすることなかれ。」という一句がある。われらは、どんな些細《ささい》な事がらに就《つ》いても、親の恩、師の恩を忘れることがあってはならない。しかも、特に留意すべきは、それらが皆君国《くんこく》あってのことであるという点である。君国のもとに家々も栄えるのであり、又、君国あってよい教育も十分行われるのである。

　国をおもうまごころ　君をおもうまごころ　あしはらのみ
ずほのくにに　うまるる人は　ことさえぐ　外国人《とつくにびと》にまさ

りてありけり　すぐれてありけり

と、国学者大国隆正《おおくにたかまさ》は歌った。

世界を見渡せば、何とみじめな民族の多いことであろう。国を失って、世界をさまよい歩いている民族もある。かつてはその強大を誇った民族も、今や昔日《せきじつ》の面影《おもかげ》だになく、理想も誇りも失っているものさえある。又、国力が弱く、強国にしいたげられて、発展することのできない国々も少なくはない。

われらは皇国に生まれて、世界に比類《ひるい》なき万世一系《ばんせいいっけい》の天皇を仰ぎ奉り、ありがたい御恵みに浴しつつ、健《すこ》やかに学窓《がくそう》のいそしみを続けている。この皇恩のもとに、国土の恩、親の恩、師の恩を始め、兄弟姉妹の恩、朋友《ほうゆう》の恩、世人の恩に至るまで、有縁・無縁を問わず、恩という恩は極めて多い。われらはこのように、直接或《あるい》は間接に、限りなくさまざまの恩を受けているものである。自分は少しも人の世話にならないと思っている者もあるが、それは恩知らずである。よく考えてみれば、意外に多く、人々から広く恩恵を受けていることに気付くのであって、感謝なくしてはいられない。われらは、人の情を受けないでは、生存を完《まっと》うすることのできないものだからである。

われらが身に受ける恩に就《つ》いて、これを知れば知るほど、又、世に満ち渡る恩恵の数々を思えば思うほど、感謝の心が湧き出て、喜びの生活が開けて来るのである。

このような恩に対する感激と自覚とは、やがてこれに報《むく》いなければ止まない一念を起こさせ、更《さら》に進んでは、生命をなげうっても悔《く》いないほど、報恩《ほうおん》の熱意を喚起《かんき》するに至る。貝原益軒《かいばらえきけん》[*1]先生

*1　1630～1714。江戸時代の本草学者、儒学者

は、
凡《およ》そ、人は恩を知るべし。恩を知るを以《も》って人とす。恩を知らざれば鳥獣《ちょうじゅう》に同じ。君に忠に、親に孝なるも、君父の恩を報ずる道なり。この故に、恩を知れる人は、必ず親に孝あり、君に忠あり。恩を知らざる人は忠孝なし。忠孝なければ、人たるの道を失う。

と言っていられる。

恩に感謝するという心持ちが強ければ、必ずこれに報《むく》いようとする心が湧いて来るはずである。恩を自覚すること深く、報恩の念の強い人こそ、誰よりも尊ばれ、仁人《じんじん》*2とか徳のある人とかいわれるのである。

又、日常の生活に於《お》いて、常に不平を言い、不足をかこつ者は、どんなに恵まれた境遇の人であっても、結局、不満の生活を送らざるを得なくなる。これに反して、己《おのれ》を持《じ》すること恭謙《きょうけん》で、常に感謝の心を以《も》って自分の周囲を見る人は、君の恩、親の恩、師の恩はいうまでもなく、目に見えぬ多くの人の好意が、自分に注がれていることを深く認めるであろう。

まことに、つつましい心にかえりみれば、たとえ、直接好意を受けることはない場合でも、いろいろの点で、人のお蔭《かげ》をこうむっていることに気が付く。例えば、食事をする時には、「いただきます。」という感謝の言葉と共に箸《はし》を取るべきはもちろんのことであるが、しかも、その米麦や野菜が、農家の労苦の賜《たま》ものであることに想い到れば、一層《いっそう》感謝の念を深くしないではいられない。又、電車や自動車などに乗っても、相互に「ありがとう。」

という感謝の心持ちで場所を譲り合うようであったならば、どんなにかなごやかな世の中となるであろう。これに反して、唯《ただ》人々の不足を責めることのみを知って、われらの受ける好意と便益に対して感謝することを閑却《かんきゃく》*3したら、全くうるおいのない、沙漠《さばく》のような世の中になってしまうのである。

われらは常に、「ありがとう。」という感謝の言葉を忘れてはならない。又、自分の力でできる限り、報恩《ほうおん》の道に尽くすようにすべきである。恩人に対して尽くすことはいうまでもなく、世の中の人総《す》べてに対して、是非《ぜひ》ともこれに報《むく》いるよう心掛けなければならない。健全な国民生活は、実にこのようなところから始まるのである。

明治天皇の御製《ぎょせい》に、

学びえて道のはかせとなる人もおしえのおやの恵《めぐみ》わするな

と仰せられてある。又、民草《たみくさ》*4の進むべき道に就《つ》いて、

おのが身はかえりみずして人のため尽《つ》くすぞひとの務《つとめ》なりける

と諭し給うてある。今、ここに、われらは恩ということをわきまえるに当たって、御訓《みおし》えのほどを深く奉体し、日常生活に表す覚悟を固めなければならない。

*3　なおざりにすること　*4　人民を草にたとえた言葉

まず「親の恩、師の恩を忘れるな」と説き、それも天皇と国があってのことだというのです。さらに明治政府に登用されて神道政策を支えた国学者大国隆正の「国や天皇を思うまごころは、日本人が外国人より優れている」という民族優越説の歌を紹介して、世界を見渡せば、なんと惨《みじ》めな民族の多いことかと述べ、「われらは皇国に生まれて、世界に比類無き万世一系の天皇を仰ぎ奉り、ありがたい御恵みに浴しつつ健やかに学窓のいそしみを続けている」として、最高の恩は君恩《くんおん》というところへ持って行きます。そこから湧く報恩《ほうおん》の念は「生命をなげうっても悔いないほど、報恩の熱意を喚起するに至る」のだそうで、報恩の念のない者は不幸せだというのです。

つまり「日常の生活に於《お》いて、常に不平を言い、不足をかこつ者は、どんなに恵まれた境遇の人であっても、結局、不満の生活を送らざるを得なくなる」からで、つつましい心にかえりみると、自分は多くの人々のお陰《かげ》を蒙《こうむ》って生きていることに気づき、感謝の念を深くせずにはいられなくなるはずだというのです。

「これに反して、唯人々の不足を責めることのみを知って、われらの受ける好意と便益に対して感謝することを閑却したら、全くうるおいのない、沙漠のような世の中になってしまうのである」と教科書は書いていますが、すでに「八　新しい経済」のところで述べたように、国民の生活レベルは最低線に近くなっていました。どれほど報恩の念を深めようと、現実の理不尽さは、報恩の念を怨嗟《えんさ》の念に替えるほどでした。

私たち中学生は、登下校の際は、一般兵士のように足に巻き脚絆《きゃはん》（ゲートル）を着用する規則になっていました。しかし私は半ズボンしか持っておりませんでしたから、足に直接脚絆をまくことになります。やむを得ず、半ズボンに別の生地を縫いつけてもらいました。

しかし私が購入した巻き脚絆は、化学繊維混紡のものでしたので、まいた時は、ぴしっとしていましたが、しばらくすると、だらしなくずるずると下がってしまうのです。教練のとき、配属将校に何度も注意され、その都《つ》度《ど》まき直しましたが、今、そのことを改めて思い出し、行き所のない怒りを覚えています。

十二　平素《へいそ》の訓練

連合艦隊司令長官海軍大将山本五十六《いそろく》ハ本年四月前線ニ於《お》テ全般作戦指導中敵ト交戦飛行機上ニテ壮烈ナル戦死ヲ遂《と》ゲタリ

という昭和十八年五月二十一日の大本営発表に、当時一億国民はしばし言葉もなかった。しかし、やがて驚きはたぎり立つ憤激《ふんげき》の念と変わった。畏《かしこ》くも、

帝国ハ今ヤ自存自衛ノ為《ため》蹶然《けつぜん》起《た》ッテ一切《いっさい》ノ障礙《しょうがい》ヲ破砕《はさい》スルノ外《ほか》ナキナリ

と仰せられてある聖旨を奉体して、断じて敵撃滅に挺身《ていしん》し、誓って宸襟《しんきん》*1を安んじ奉らなければならない。この決意が、山本元帥の

*1　天子のお心

戦死を機として、一層《いっそう》強く国民の胸に刻まれたのである。

大東亜戦争は必ず勝つ。しかも、皇国日本をおいて、真の世界平和を招来すべき秩序を建設し、創造して行く資格のある国家は断じて無いのである。皇軍将兵の忠誠無比の敢闘《かんとう》は、緒戦《しょせん》以来、赫々《かっかく》たる戦果を収めて、既《すで》に必勝不敗の態勢を固めている。われら学徒は、それを承《う》け継ぐ者として、一切の障礙《しょうがい》を破砕《はさい》し、敵撃滅の日を早めて、有終《ゆうしゅう》の美をなさなければならない。必勝の信念を堅持し、進取敢闘《しんしゅかんとう》*2の精神に培《つちか》うことこそ、われらの栄《はえ》ある責務である。

かつて、東郷元帥《とうごうげんすい》は人を諭して、

世の兵家者、或《あるい》は説をなすものあり。曰《いわ》く、大艦隊を指揮するには、独立旗艦に乗り、列外よりこれを指揮するを可とすと。余《よ》不敏にして、この説の如何《いか》なる見地に拠《よ》るやを知らず。然《しか》れども、余は、常に主力艦隊の先頭にありて敵と戦うべし。微妙なる戦機は、列外にありてこれを捉《とら》うること至難なり。列外より命令を発して艦隊を指揮せんとするも、微細なる変針を行うて戦移に応ずること能《あた》わず。要するに大艦隊の戦闘は、一々命令によりて行わるべきものにあらず。全軍主将の態度を仰ぎ、全軍これに倣《なら》うて而《しか》して後、始めて大捷《たいしょう》を得べし。主将は全軍の目標となるべき嚮導者《きょうどうしゃ》なり。口やかましき号令者にあらず。余は、我が主力を掌握《しょうあく》し、全軍の模範者となりて戦わんことを欲するものなり。

と述べていられる。東郷元帥は、決して口の人ではなかった。かの日本海海戦に於《お》いては、旗艦《きかん》三笠《みかさ》に坐乗《ざじょう》して、わが連合艦隊の

先頭に立ち、敵弾雨と降る中に、泰然《たいぜん》自若《じじゃく》として全艦隊を指揮した人である。遂《つい》に、御稜威《みいつ》のもと、わが艦隊は未曽有《みぞう》の大戦果を

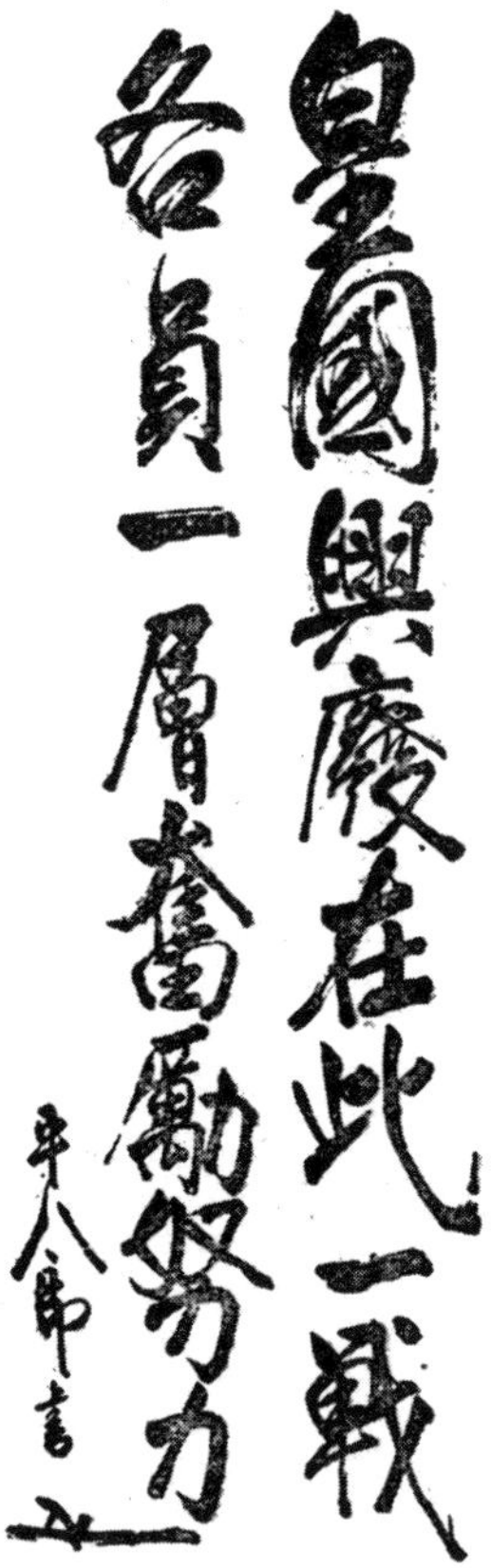
皇國興廢在此一戰
各員一層奮勵努力
平八郎書

収めたのであって、ここに、東郷元帥の陣頭指揮の精神が、燦《さん》として輝いている。この精神は、今次大東亜戦争に承《う》け継がれて、皇軍将兵を奮い起《た》たしめ、しかも山本元帥の壮烈な最期によって、最もよく発揮されているのを見るのである。

くにをおいてい向うきわみ千万の軍《いくさ》なりとも言挙《ことあげ》はせじ

という山本元帥の和歌は、その豪壮《ごうそう》な気魄《きはく》を吐露《とろ》して、万世《ばんせい》に

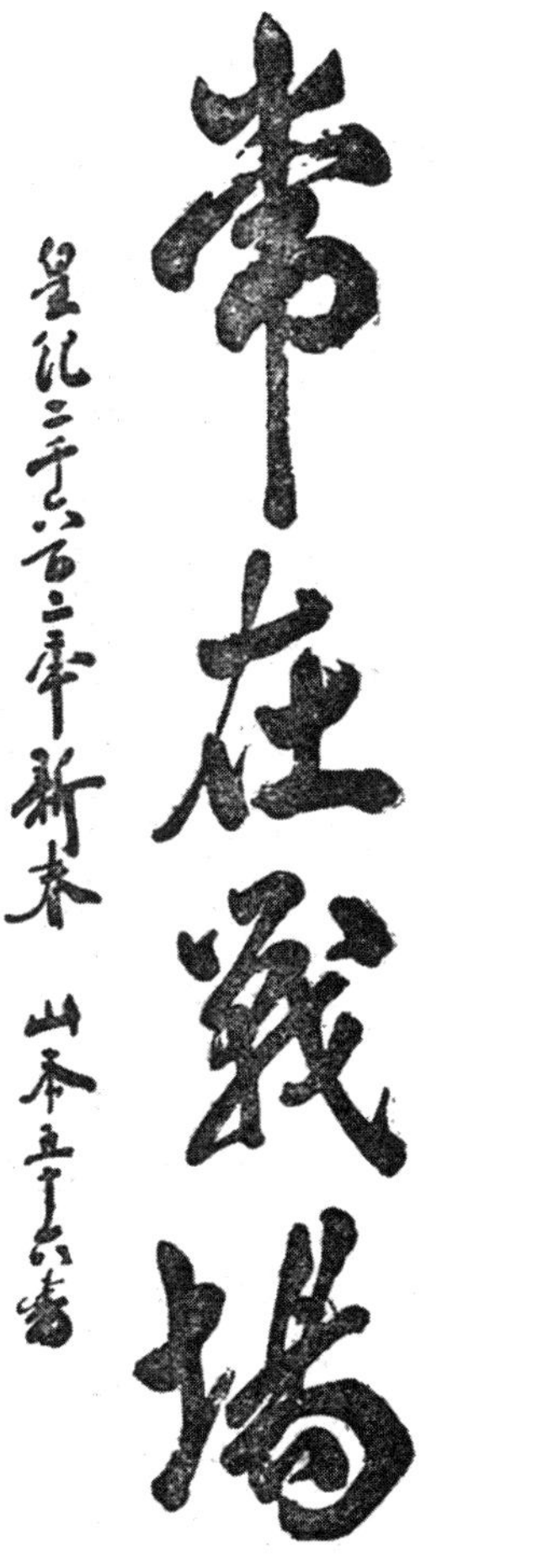

教えを垂れたものである。学徒日常の生活に於《お》いても、

このような気魄こそ極めて大切であり、かの学徒戦時動員体制が確立された根本のねらいも、全くここにある。又、これと相呼応する学校報国団の任務も、国防能力の充実と国土防衛に挺身《ていしん》する学徒生活の強化にある。われら学徒の燃え上がる忠誠心は、勤労作業や国防訓練の中に於《お》いて、よく錬磨《れんま》される。率先垂範《そっせんすいはん》*3とか、倶学倶進*4の精神とかいうものは、総《す》べて訓練の中から芽生えることを、十分にわきまえていなければならない。敵撃滅の敢闘精神もまた、ここに

十二　平素の訓練　八十五

*3　人の先頭に立って物事を行い、模範をしめすこと　*4　共に学び、共に進歩すること

培《つちか》われるのである。われらは、決戦非常措置の要綱さえ発せられた深刻な事態に就《つ》いて、想い到らなければならない。

かつて米英は、わが国運の隆昌《りゅうしょう》を阻止《そし》せんがため、ワシントン会議やロンドン会議を開催して、帝国海軍の縮小を企て、わが国またこれを承認するの止《や》むなきに至ったことがある。その時、報告を受けた東郷元帥は、従容《しょうよう》*5として、「建艦に制限はあっても、訓練に制限はない。」と説かれた。まことに元帥こそ、平素の訓練の大切なるゆえんを深く体得していた武将である。元帥は日露戦役の直後、「百発百中の一砲よく百発一中の敵砲百門に対抗し得る。」と言って、国民の覚悟をうながされたことがあった。この、元帥の不抜《ふばつ》*6な精神は、後進の士を奮起せしめて、今になお、帝国海軍のうるわしくもたくましい伝統として、生き続けている。

山本元帥はこの間にあって、特に航空機の重要なことを見ぬき、わが海鷲《うみわし》の育ての親となられ、訓練に加えるに訓練を以《も》ってした。風雨をいとわず、昼夜を分かたず、実戦以上の猛訓練が、間断なく続けられて来たのである。かの真珠湾《しんじゅわん》攻撃・マライ沖[*7]海戦などの赫々《かっかく》たる戦果も、全く故《ゆえ》なきことではない。

何事を成《な》し遂《と》げるに当たっても、強くたくましい敢闘の精神が大切である。敢闘の精神は又、平素の訓練によってのみ培《つちか》われる。

東郷元帥は、「訓練を実戦と思え、実戦を訓練と思え。」と言われた。激烈な戦闘に臨んでも、平素の訓練に於《お》ける平常心を失わず、又、訓練に於《お》いても、実戦に臨む気魄《きはく》をもち続けることこそ、最も肝要《かんよう》である。学校に於《お》いて、われら学徒が体練に努める

＊5　ゆったりとしておちついたさま　＊6　意志が強くて動揺しないこと　＊7　マレー半島の沖

のも、心身錬磨の実を挙げて強壮無比《きょうそうむひ》な国民となり、いかなる艱《かん》難《なん》にも耐《た》えぬかんがためである。適性に応じて特技訓練に従うのも、苛烈《かれつ》な戦局のもと、前線出動の熱望に応えて、己を正しく導き、正しく育て上げんがためである。

又、ひとり学校の中に於《お》いて心身錬磨に当たるというだけでなく、平素の生活全部が、訓練の極めてよい機会である。山本元帥は、まだ少年の時代に、自分の身体にいささか不安を感ずるところがあった。それ故《ゆえ》、毎日夕方、学校まで駆け足で行き、機械体操を練習する習わしを作った。それによって、強健《ごうけん》な身体を鍛え上げようとみずから努められたのである。

ガダルカナルの戦《いくさ》に中隊長として奮戦し、幾たびとなく敵の心《しん》胆《たん》を寒からしめた若林大尉は、護国《ごこく》の華《はな》と散るに先立って、皇国日本の無窮《むきゅう》を信ずる。
大東亜戦争の必勝を信ずる。
後に続く者を信ずる。

と言っている。この言葉は、深くわれら学徒の胸を打たずにはおかない。訓練に訓練を重ねて、敢闘精神に強く培《つちか》い、至誠尽忠《しせいじんちゅう》の実を挙げるため、われらは平素の学習に、又修練に、ゆめ懈怠《けたい》*8の心を起こすようなことがあってはならない。敵に対する敢闘の精神に徹し、単に知識・技能を錬磨するにとどまらず、心の修養に励んで、心身共に平素の訓練を積み、少しのむだなく、一億の総力を最大限に発揮するよう努めることが、極めて大切である。皇国の使命を遂行《すいこう》するのは、実に脚下《きゃっか》から始まるということを、寸《すん》時《じ》も忘れてはならない。

＊8　怠り、なまけること

まず連合艦隊司令長官元帥海軍大将山本五十六《いそろく》戦死の大本営発表を掲示し、ついで、「米国及英国ニ対スル宣戦ノ詔書」の字句を引用し、われわれは「聖旨を奉体して、断じて敵撃滅に挺身し、誓って宸禁《しんきん》（天皇の心）を安んじ奉らなければならない。この決意が、山本元帥の戦死を機として、一層強く国民の胸に刻まれたのである。／大東亜戦争は必ず勝つ。しかも、皇国日本をおいて、真の世界平和を招来すべき秩序を建設し、創造して行く資格のある国家は断じて無いのである」と述べています。そして、日露戦争の日本海海戦でロシアのバルチック艦隊を殲滅《せんめつ》した海軍の元帥東郷平八郎の陣頭指揮の精神を披露《ひろう》し、太平洋戦争当初のハワイ真珠湾のアメリカ太平洋艦隊への奇襲攻撃を指揮し、後にソロモン諸島ブーゲンビルで戦死した連合艦隊司令長官元帥海軍大将山本五十六の「国の運命をかけて立ち向かうところは、極めて厳しい状況であろうとも、文句はない」という意味の和歌と、彼の「常に戦場に在り」という座右《ざゆう》の銘《めい》の書も掲載されています。

そこから「学徒日常生活に於いても、このような気魄こそ極めて大切であり、かの学徒戦時動員体制が確立された（昭和一八年六月二五日閣議決定＝学徒ヲシテ挺身国家緊要ノ業務ニ従事セシメ其ノ心身ノ錬成ヲ全カラシムル等々）根本のねらいも、全くここにある。又、これと相呼応する学校報国団の任務も、国防能力の充実と国土防衛に挺身する学徒生活の強化にある。国防訓練の中に於いて、燃え上がる忠誠心は、勤労作業や国防訓練の中に於いて、よく錬磨される」のだそうです。

しかし「これでは学力が低下するだろう」という懸念に対し、当時の文部省総局長が新聞に「その一つ一つが修養であり、学問である」と強弁しています。その文部官僚は、どうやら「今はそんな学力にかかずらっている場合じゃない」といいたかったのでしょう。

そして、教科書はガダルカナルの激戦区で夜ごとに、アメリカ軍基地に斬り込みのゲリラ攻撃を決行し、遂に戦死した中隊長若林東一大尉の遺言をあげています。彼は一般兵士からのたたき上げの将校で、個人感状《かんじょう》を二度も授与された優秀な戦闘指揮官だったようです。

教科書番號 1ノ一

昭和十九年五月四日印刷
昭和十九年五月八日發行
昭和十九年五月八日翻刻印刷
昭和十九年五月二十日翻刻發行

中等修身一
定價金三十八錢

著作權所有

著作兼發行者 文部省

翻刻發行者 東京都神田區岩本町三番地
中等學校教科書株式會社
代表者 山本慶治

昭和十九年五月八日
文部省檢查濟

印刷者 東京都牛込區市谷加賀町一丁目十二番地
大日本印刷株式會社
代表者 佐久間長吉郎
(東東二)

發行所 中等學校教科書株式會社

おわりに

一九四五年九月二日、大日本帝国は「八紘一宇《はっこういちう》の顕現《けんげん》」（四方八方＝世界中を一軒の家のようにして天皇の威光に浴させる）という大理想を掲げて開始した大東亜戦争（アジア・太平洋戦争）に敗れ、米英支ソ連合国に対する降伏文書に調印し、連合国代表アメリカ占領軍の支配する所となりました。当時、文部省はすぐに初等公教育用の教科書について、軍国主義、国家主義に関わる教材の墨塗りを次官通達で各学校に命じました。中等学校教科書も同様でした。そして一二月一五日、アメリカの占領軍司令部からのメモ（命令）で、「修身」という教科が廃止されました。

それまで、天皇陛下の御ために身も心も捧げる覚悟をするという教科であった「修身」がなくなることに、さしたる抵抗もありませんでした。敗戦を機に、八紘一宇の顕現が世界制覇の野望であることや、皇軍の国際法を無視した行動が暴露されたりして、価値観の大逆転がありました。ですから私などは、もはや生涯にわたって、修身教科書を再読するようなことはあり得ないだろうとさえ思っていました。ところが私の資料書庫をのぞいていた児童文化評論家の野上暁さんと、前著『戦時下の絵本と教育勅語』で、お世話になった「子どもの未来社」の編集者堀切リエさんが、戦時教科書の棚に目をつけたのです。「山中さん、まだ書くことがありますよ」というわけです。しかも戦時下の尋常小学校、国民学校初等科の国語・修身教科書は復刻されているのに、中等教科書の復刻はないのです。

考えてみたら、この教科書を使用させられた世代の生き残りは、かなり少なくなっています。私は「はじめに」でも書きましたように、旧制の中学時代に三回転校しています。神奈川県立秦野中学校（現・神奈川県立秦野高等学校）から北海道庁立小樽中学校（現・北海道立小樽潮陵高等学校）へ、さらに北海道庁立岩見沢中学校（現・北海道立岩見沢東高等学校）へ、そして秦野中学校へもどっているのです。ですから同期会が三校あるのです。その同期会も会員の高齢化で、わずかに一校だけ残して解散してしまいましたし、残る一校も近く解散の最後の同期会が開かれることになっています。その残りの何人かに、中学一年の時の教科書について記憶があるかと尋ねたところ「漢文・国文はおぼろげだが、修身教科書のことなど覚えていない」もしくは「まるで記憶にないね」というのです。だからといって私が、それについて書く義務があるわけではありませんが、あの戦争の銃後史のひだにかくれてしまったウルトラ国体原理主義の聖書みたいな教科書について言及するのは、私ぐらいしかいないだろうと思ってはいました。

しかし、気づいてみると、あの敗戦時の価値転換など無視して価値観の戦前復帰を願う保守勢力が、徐々に勢力を強め、あたかも戦前の大日本帝国がいかにすばらしい国であったかのような幻想を振りまき、そうしたことに無関心な若い層を囲いだしているのです。たしかに野上・堀切のお二方の言う通り、書かねばならぬことがあったのです。

ということで、この『中等修身一』を読み返してみました。すると、当時の学校生活、日常生活の不合理、それを当然のことと諦めさせる、国体原理主義に基づく呪術的精神主義の異常な強制などが、次々に甦りました。戦時下のこのいびつな国体原理主義に基づく精神主義・軍国主義・愛国主義が、今は「日本はアジアのリーダーになるべきである。日本製品は世界中から愛されている。日本は自衛のための戦争をしたのであって侵略ではなかった。皇軍は人道的で、軍は従軍慰安婦などに関与していない。南京事件は日本軍のやったことではない……」等々といった言説が横行しはじめているのです。これにブレーキをかけようとしている人も少なくありませんが、戦前期のそうした被教育体験をした者の中にも、こうした言説を支持するかのような発言をする者もいて、油断ならない事態になりつつあります。本書がそうしたことへの異議申し立ての手がかりになってほしいと願うものです。

二〇一九年七月二〇日

山中　恒（八八歳）

新装版に寄せて

戦後八〇年たって、再び戦前への回帰をたくらむ動きが加速しているように感じます。大日本帝国がいかにすばらしい国であったかのような幻想を振りまいたり、幼稚園や職員研修で「教育勅語」の一部を強調して利用したりするなど、当時の状況をよく知らない人たちを取りこもうとしています。

この『中等修身一』は、当時の中学一年生に文部省（国）が何を教えこもうとしたかを示す証拠であり、戦時下の国体思想の実態を伝える貴重な資料でもあります。中学一年生向けなので、本文はそれほどむずかしくはありません。今ではもう使われていない言葉には注を、項目ごとには解説をつけましたから、併せて読んでください。きっと、こういった内容を当時の中学生が学ばされていたことに驚きを感じるはずです。

政治は教育を利用します。なのに、今の人たちは不用心すぎます。戦争をやりたい権力側はまず教育を変えて、頭のやわらかい子どものうちにたたき込んでしまおうとするのです。私も子どもの頃に覚えさせられた「青少年学徒ニ賜ハリタル勅語」や「教育ニ関スル勅語」を、今でも暗唱できます。教育は権力に利用されるものなのです。子どもたちが自分の頭で考える教育を受けていなければ、ウソの情報に踊らされて、簡単に利用されていくでしょう。大きな権力にたとえ力でかなわなくても、一人ひとりが「インチキ」や「ペテン」を見抜く知識を持ってほしいと思います。

この教科書から、国が子どもや若者に何を教えこもうとしたのか、また、国体原理主義の行き着く果ての恐ろしさに気づく手がかりが得られるはずです。

二〇二五年一月

山中　恒

山中 恒（やまなか ひさし）

1931年北海道小樽市生まれ。児童読み物・ノンフィクション作家。

1956年『赤毛のポチ』で日本児童文学者協会新人賞、1974年『三人泣きばやし』で第21回産経児童出版文化賞、1978年『山中恒児童よみもの選集』で第1回巌谷小波文芸賞、1993年『とんでろじいちゃん』で第31回野間児童文芸賞、2003年第38回エクソンモービル児童文化賞受賞。映画化された作品に「サムライの子」「転校生」（原作『おれがあいつであいつがおれで』）「さびしんぼう」（原作『なんだかへんて子』）「はるか、ノスタルジイ」「あの、夏の日」（原作『とんでろじいちゃん』）、テレビドラマ化された作品に、「あばれはっちゃく」「ぼくがぼくであること」などがある。

戦時下を描いた代表的なノンフィクションに『ボクラ少国民』シリーズ（辺境社、1974～1981）ほか、『少国民の名のもとに』『新聞は戦争を美化せよ！』『すっきりわかる「靖国神社」問題』（小学館）、『アジア・太平洋戦争史』（岩波書店）、『戦争ができなかった日本～総力戦体制の内側』（角川書店）、『少国民戦争文化史』『現代子ども文化考』（辺境社）、『戦時児童文学論』『靖国の子』（大月書店）、『戦時下の絵本と教育勅語』（子どもの未来社）などがある。

＊装丁　藤本孝明（如月舎）
＊本文デザイン　松田志津子
＊編　集　堀切リエ

新装版
山中恒と読む修身教科書　戦時下の国体思想と現在

2019年8月15日　第1刷発行
2025年3月10日　新装版第1刷発行

著　者　山中 恒
発行者　奥川 隆
発行所　**子どもの未来社**
〒101-0052 東京都千代田区神田小川町3-28-7 602
TEL 03-3830-0027　FAX 03-3830-0028
E-mail：co-mirai@f8.dion.ne.jp
http://comirai.shop12.makeshop.jp/

振替　00150-1-553485

印刷・製本　モリモト印刷株式会社

©2025　Yamanaka Hisashi Printed in Japan
＊乱丁・落丁の際はお取り替えいたします。
＊本書の全部または一部の無断での複写（コピー）・複製・転訳載および磁気または光記録媒体への入力等を禁じます。複写を希望される場合は、小社著作権管理部にご連絡ください。
ISBN978-4-86412-158-3　C0037